LOST IN MANAGEMENT

Du même auteur

L'Administration en miettes
(avec Jean-Claude Thœnig)
Fayard, 1985

La Loi du marché
L'électroménager en France, aux États-Unis et au Japon
(avec Jean-Claude Thœnig)
L'Harmattan, 1986

Le Client et le Bureaucrate
Dunod, 1997

L'Alchimie du changement
Problématique, étapes et mise en œuvre
Dunod, 2001

Sociologie du changement
Pourquoi et comment changer les organisations
Dunod, 2004

La Fatigue des élites
Le capitalisme et ses cadres
La République des idées/Seuil, 2005

FRANÇOIS DUPUY

LOST IN MANAGEMENT

La vie quotidienne des entreprises au XXIe siècle

ÉDITIONS DU SEUIL
25, bd Romain-Rolland, Paris XIVe

ISBN 978-2-02-098690-8

www.seuil.com

Merci à Dominique et à Camille.
Elles ont bien mérité de la sociologie.

Introduction

Pourquoi consacrer un ouvrage à la vie quotidienne des entreprises et *dans* les entreprises en ce début de siècle ? Parce qu'il me semble y avoir une certaine urgence à le faire, tant les discours tenus par et sur ces organisations reflètent peu la réalité concrète.

Un discours idéologique

D'un côté, celui des entreprises elles-mêmes, notamment quand elles s'adressent à leurs salariés : ce discours devient rapidement abstrait, codifié et pour tout dire idéologique. C'est en effet une grande surprise pour l'observateur extérieur de constater chaque jour le rapport pour le moins compliqué que ces organisations ont avec la réalité. Celle-ci, dans sa complexité, fait peur parce qu'elle ne correspond pas à ce que l'on souhaiterait qu'elle soit. Son appréhension est donc « filtrée » par le biais d'un vocabulaire convenu, codé, un ensemble de mots, de notions parfois très vagues qui sont d'autant plus rituellement acceptées par les acteurs qu'elles ont un rapport bien lointain avec leur propre réalité.

Ainsi va-t-on parler de « valeurs », sans se soucier outre mesure de s'assurer qu'elles correspondent bien à des comportements effectifs et récurrents et donc que l'on a mis en place les systèmes de gestion (les fameuses « politiques RH ») qui servent à les générer ; on va édicter des chartes présentant des « principes de management », vision idéalisée – ou plus simplement « marketing » destiné à l'extérieur – qui n'a que peu de rapports avec l'action quotidienne des uns et des autres. Bref, les contraintes effectives de l'action collective, la dimension essentiellement systémique de celle-ci sont niées au profit d'affirmations volontaristes ou, pire, de notions qui rejettent sur les comportements individuels la responsabilité de ce qui ne résulte en fait que de l'incompréhension que les uns et les autres ont de la marche réelle d'un ensemble humain.

Cela n'a évidemment qu'un temps ! C'est ce qui me fait dire par exemple – mais ce n'est qu'une illustration – que tel ou tel mot « icône » du management moderne a de bonnes chances de disparaître aussi vite qu'il est apparu et que cela n'émouvra personne. Ainsi, je ne donne pas cher de l'avenir des notions de « leader » et de « leadership ». Voilà pourtant des mots qui sont aujourd'hui mis à toutes les « sauces managériales ». Pas un programme de formation de cadres digne de ce nom qui ne soit « *leadership for...* ». Pour les consultants, « coachs » et autres spécialistes, c'est une mine d'or ! Mais, à y regarder de près, on s'aperçoit vite que le « leader » est d'autant plus mis en avant que la complexité de l'action collective est mal maîtrisée. Or, précisément, cette responsabilité, celle de maîtriser l'action collective, est celle des « chefs » qui, confrontés à la difficulté d'y faire face, forment leurs subordonnés à l'exercice du leadership en espérant que les qualités des individus compenseront l'absence d'un raisonnement construit sur le fonctionnement des organisations humaines. Quelle meilleure illustration peut-on en trouver que les déboires de la gestion de projet, un peu partout, dans l'industrie automobile ou chez les sous-traitants de cette industrie en particulier. Fonctionner « en mode projet » (ah ! délice du langage managérial), c'est décider que pour composer un produit ou une « solution », il faut réunir de façon transversale des acteurs qui jusque-là travaillaient – en paix ! – dans leurs « silos », les « métiers » comme disent les Français. En somme, on en « déverticalise » un certain nombre et on les fait travailler de façon horizontale, sous la direction (le leadership) d'un « chef de projet ». Et on compte effectivement sur les capacités managériales de ce dernier pour mener à bien ce projet. Cela traduit une paresse intellectuelle qui envahit aujourd'hui la vie des entreprises et qui est sans doute la contrepartie de la pénibilité croissante du travail. On espère que les qualités personnelles de celui qui a en charge cette façon particulière de travailler suffiront à assurer le succès de l'opération. Ce n'est bien sûr pas le cas et le résultat le plus tangible est de rendre toujours plus difficile de trouver des volontaires pour assumer cette fonction de « chef de projet ». Car il ne s'agit pas bien entendu d'une vague question de *leadership*. Ce n'est pas non plus un problème « technique » (technique de gestion de projet). Ce qui est en cause, c'est la nature du pouvoir réel dont dispose ce chef de projet par rapport aux « lignes métier ». Nous quittons ici la rhétorique managériale pour entrer dans la *connaissance* de base de ce qui fait le fonctionnement des organisations. Résumons : si ce fameux chef de projet ne « contrôle » rien d'important pour les acteurs alloués à son projet, il n'a aucun pouvoir et n'obtiendra pas grand-chose d'eux sauf à négocier pied à pied leur bonne volonté. Vu sous l'angle managérial, il ne sera pas un bon leader. Si au contraire l'évolution de carrière ou tout ou partie de la rémunération variable de ceux qui sont affectés au projet dépend de celui qui en a la charge, alors peut-être a-t-il quelque chance de succès. Ce n'est pas le leadership individuel qui est en cause, mais plutôt les ressources organisationnelles attribuées aux acteurs impliqués. Pour faire simple, c'est une question de relations de pouvoir. Le monde de l'entreprise devenant de plus en plus dur – ce que chacun peut constater et dont j'expliciterai les causes tout au long de ce livre –, ces « dérives intellectuelles », par ailleurs culpabilisatrices pour les individus qui les subissent et déresponsabilisantes pour ceux qui les pratiquent, seront de moins en moins acceptées. Je parie qu'un des effets de la crise dans laquelle le monde est engagé depuis maintenant plus de trente ans sera de « tordre le bras » aux entreprises pour les amener à un peu plus de réalisme dans leurs façons de faire et dans le vocabulaire qu'elles emploient pour les expliciter. Nous verrons, dans la dernière partie, que certaines se sont déjà engagées dans cette voie qui est simplement celle de la sagesse.

Un discours théorique et abstrait

De l'autre côté, le discours des observateurs extérieurs n'est guère plus encourageant. Ils connaissent assez mal l'entreprise parce que la plupart du temps ils en ont une *connaissance spontanée et/ou ordinaire*[1], faute d'un cadre d'analyse approprié. Les professeurs de *business schools* en particulier ont largement contribué à l'abstraction du discours managérial, sans que cela constitue une réelle surprise : ce sont ces mêmes institutions – et pour partie les grands cabinets de conseil anglo-saxons – qui rationalisent *a posteriori* les pratiques simplistes que l'on observe dans les entreprises. La glaciation des sciences sociales

1. Christian Morel, « Le mal chronique de la connaissance ordinaire sur l'entreprise », *Annales des Mines*, 1992, p. 71-73.

américaines qui sont à l'origine des « sciences » du management (des « disciplines » devrait-on dire[1] !) depuis une quarantaine d'années n'y est pas étrangère ; devenues au mieux quantitatives et au pire normatives et prescriptives, elles aussi décrochent de la réalité, présentent des statistiques qui ne correspondent que de très loin à ce que vivent des acteurs auxquels par ailleurs elles expliquent ce qui *devrait* être à défaut de comprendre ce qui est.

Le sociologue doit avoir le courage de dire que les économistes – ceux qui s'intéressent au travail en particulier – ont largement contribué à un retour au réel dans la littérature sur l'entreprise[2]. Ce sont les thèmes du travail et de ce que l'on appelle les « risques psychosociaux[3] » qui ont donné lieu aux ouvrages les plus convaincants. C'est d'ailleurs une occasion de souligner, avec une certaine naïveté peut-être, les effets de latence dans la prise en compte par les entreprises – mais aussi par les pouvoirs publics – des alertes répétées des spécialistes. La détérioration du travail, avec les conséquences parfois dramatiques que l'on sait, en est un exemple frappant. Sans doute y a-t-il là un effet de cercle vicieux : la littérature sur l'entreprise n'est, dans son ensemble, guère passionnante et de ce fait les avertissements sérieux et argumentés qui sont parfois lancés se perdent dans une

1. La caractéristique d'une science est de se bâtir sur le cumul des connaissances. Les disciplines du management – elles – évoluent au gré des modes passagères. Michel Crozier m'a dit un jour : « Le marketing est une science pauvre. » C'était déjà beaucoup.

2. Voir par exemple : Philippe Askenazy, *Les Désordres du travail. Enquête sur un nouveau productivisme*, Paris, La République des idées/Seuil, 2004. Voir aussi les travaux de Jacques De Bandt, spécialiste d'économie industrielle, ou de Christophe Dejours, psychanalyste et psychiatre, titulaire de la chaire de psychologie du travail au CNAM.

3. Olivier Tirmarche, *Au-delà de la souffrance au travail. Clés pour un autre management*, Paris, O. Jacob, 2010

masse informe alimentée par les éditeurs spécialisés qui voguent au mieux sur les effets de mode.

Les entreprises ne savent plus ce qu'elles font

Pourtant, c'est un nouvel avertissement que je voudrais lancer dans ce livre – avec l'espoir d'être entendu : les entreprises ont perdu ou sont en train de perdre le contrôle d'elles-mêmes. Au sens premier du verbe « savoir », elles ne savent plus ce qu'elles font, ce qui ne serait pas très grave si cela n'avait des conséquences directes sur leurs résultats, donc, *in fine*, sur la collectivité. Nous allons voir que cette perte de contrôle résulte d'un double mouvement que les organisations, qu'elles soient publiques ou privées, n'ont pas su maîtriser faute sans doute de l'avoir compris et faute aussi de comprendre ce qui se passe aujourd'hui. Résumons : il faut bien admettre que la période dite des « trente glorieuses » a favorisé, pour des raisons que nous avons développées par ailleurs[1], une grande « paresse managériale ». Les entreprises ont laissé des pans entiers de leurs activités s'autonomiser, aussi bien certaines de leurs unités que le contrôle de leurs clients, ou la quantité réelle de travail fourni par leurs salariés. L'abondance des ressources, surtout de celles qui étaient prélevées sur le Sud[2], a permis d'absorber ces dérives sans

1. François Dupuy, *Le Client et le Bureaucrate*, Paris, Dunod, 1997.

2. J'évoque ici l'inversion de la circulation des richesses dans le monde à partir du milieu des années 1970. Avant cette date, les pays occidentaux ont construit leurs « États providence » sur le faible coût des matières premières en provenance des pays du Sud. Aujourd'hui ces mêmes pays construisent leur développement sur des richesses qu'eux-mêmes prélèvent sur les pays du Nord, grâce à leur très faible coût de production.

grandes difficultés, d'autant qu'elles étaient la condition d'une paix sociale très appréciée en période de croissance économique. Pour le dire autrement, durant cette période qui reste bénie dans notre mémoire collective, l'actionnaire a fait alliance avec ses salariés de tous niveaux (cadres, ouvriers, employés…), tant qu'il était possible de les « acheter » en faisant ce que les économistes appellent de la « marge avant », c'est-à-dire en dégageant du profit sur les consommateurs. Il est frappant de constater que cette « paresse » (ou l'exploitation de cette opportunité) a touché tous les secteurs de l'économie… y compris la production des vins de Bordeaux[1] ! Mais c'est cette même « paresse » qui a permis l'éclosion de ce que nous avons appelé les « poches de sous-travail[2] », réalité toujours présente mais occultée tant elle fait partie des non-dits tenaces de la vie de nos organisations[3].

Lorsque les conditions sont devenues plus difficiles, à partir du premier choc pétrolier de 1974, il s'est avéré compliqué de continuer dans cette voie, consensuelle certes, mais dispendieuse à bien des égards. Il a donc fallu inverser le balancier et trouver les moyens de mettre sous contrôle ce que faisaient les uns et les autres. Dans le toujours aussi délicieux vocabulaire managérial, il a fallu mettre l'organisation « en tension » ; de façon plus sérieuse, on a vu apparaître l'« intégration » comme l'une des préoccupations majeures des responsables. À travers ce livre, je

1. C'est la lecture que l'on peut faire du chapitre que consacre à cette question Hubert Bonin dans son ouvrage *Les Tabous de Bordeaux*, Bordeaux, Le Festin, 2010. Voir le chapitre V consacré au modèle économique des vins de Bordeaux.

2. Voir « Le sous-travail, un fléau qui gangrène la société française », entretien publié par *Les Échos* du 23 mai 2009.

3. Il faut souvent attendre que la Cour des comptes s'y intéresse (cas des contrôleurs aériens) pour que le phénomène vienne au grand jour avant d'être aussitôt recouvert du voile pudique du silence. C'est une véritable omerta qui règne sur ces questions. Et lorsqu'un « traître » les révèle de l'intérieur, la condamnation de la publication est unanime sans que jamais le contenu soit discuté.

voudrais donc aussi expliciter ce que recouvre le terme finalement assez banal d'« intégration », mais surtout regarder de près les « outils » qui furent utilisés pour mettre tout le monde dans le droit chemin et, d'une certaine façon, siffler la fin de la récréation managériale. Laisser « filer » le travail, que ce soit par l'autonomie des uns ou par la faible productivité des autres, est une pratique *contextuelle* car liée à des circonstances économiques qui la rendent possible et celles-ci, dans l'histoire, ne furent pas si nombreuses. C'est d'ailleurs pourquoi ceux qui ont pu profiter au mieux de ce laisser-faire, 'es fonctionnaires par exemple, mais pas seulement, ont tenu à consacrer ce privilège dans des *statuts*, ce qui fut une façon de le « dé-contextualiser ». L'avenir ne semble pas devoir se prêter non plus au laisser-aller. La reprise en main devrait donc durer un temps encore – le temps nécessaire sans doute pour se rendre compte que les techniques employées ne sont guère efficaces –, voire s'accentuer. Cela est peu surprenant tant ce qui domine dans l'histoire des entreprises – et du monde – de Taylor à Orwell est plutôt la tentation de mettre les comportements sous cloche, sous contrôle. Pour ce faire et quel que soit le vocabulaire utilisé, on a eu recours aux techniques de *coercition*, même si ce mot ne saurait en aucun cas faire partie du vocabulaire orthodoxe. La coercition, c'est la production exponentielle de procédures – « process » ou « processus » –, de systèmes de « reporting » et d'indicateurs – les fameux « Key Performance Indicators » (KPIs) –, pour ne citer que les plus en vue. Pourquoi pas ? Le problème réside dans l'emballement du système, les stratégies d'accentuation de cette tendance auxquelles tous les niveaux de l'entreprise ont recours, afin de se mettre en accord avec le « référentiel dominant » de leur organisation. Mais, nous le verrons, le remède est pire que le mal et grâce à – ou à cause de – la grégarité managériale, les entreprises s'enfoncent dans un jeu perdant-perdant avec leurs salariés. Car ces techniques, si elles ne sont pas maniées de façon « raisonnable » dirais-je, faute de mieux pour le moment, sont celles qui produisent inquiétude, désarroi et souffrance chez ceux qui les « subissent ». Au lieu de « motiver » les salariés, de les amener à « s'engager » pour leur entreprise, elles provoquent retrait et rébellion active ou passive, phénomène qui est aujourd'hui bien identifié et analysé [1]. Plus l'entreprise cherche à les contrôler et à leur « mettre la pression », plus les salariés, cadres y compris, se réfugient dans des investissements alternatifs, la famille par exemple, qui viennent compenser la dureté du monde du travail.

Mieux : le délire des processus, des reportings et des indicateurs finit par recréer des zones de liberté pour les salariés tant ils deviennent contradictoires les uns avec les autres et laissent ainsi les acteurs libres de décider ce qu'ils doivent appliquer ou non. D'une certaine façon, les entreprises qui n'arrivent pas à maîtriser cette tendance à l'accentuation donnent parfois l'impression de tomber dans les pires travers qui furent de tous temps ceux de l'administration publique : il serait possible, en imposant des règles, de prévoir et de contrôler ce que font les acteurs et donc, dans le cas de l'administration, d'assurer une égalité de traitement de tous les citoyens (principe constitutif de nos démocraties) [2] et, dans le cas de l'entreprise, de maîtriser son propre fonctionnement. On sait les résultats produits dans le monde administratif... qui devraient avoir, pour le secteur marchand, valeur d'avertissement. Ce livre expose aux entreprises la fausse piste sur laquelle la plupart d'entre elles se sont engagées, mais leur indique aussi la possibilité de faire autrement. Pour cela, il faut « voyager » en

1. Voir par exemple François Dupuy, *La Fatigue des élites. Le capitalisme et ses cadres*, Paris, La République des idées/Seuil, 2005 ; David Courpasson et Jean-Claude Thœnig, *Quand les cadres se rebellent*, Paris, Vuibert, 2008.

2. Selon Max Weber.

leur sein, non pas en touriste, mais en observateur capable de sortir de la « connaissance ordinaire » dont nous avons vu la limite. Ce voyage, nous allons l'entreprendre à travers une vingtaine de « cas » qui sont autant d'expéditions dans le monde des entreprises. Ils sont le reflet d'expertises que j'ai menées durant les cinq dernières années. Bien entendu, l'anonymat des organisations et des hommes a été respecté. Les lieux et parfois même les secteurs d'activité ont été modifiés. À cela deux raisons : d'une part, je suis tenu à une sorte de secret professionnel et j'ai d'ailleurs parfois signé un « engagement de confidentialité » ; d'autre part, j'ai garanti un strict anonymat aux quelque 800 personnes interviewées (et qu'à cette occasion je remercie chaleureusement) au fil de ces expertises. Pour rendre cette expédition plus vivante, plus parlante, je l'illustrerai d'extraits d'entretiens. Mais que l'on ne s'y trompe pas : les extraits d'entretiens viennent *illustrer* l'analyse. Ils ne s'y substituent pas. À défaut de le comprendre, on se condamne à confondre le fait et l'anecdote, ce qui est précisément le mal de la connaissance ordinaire. De même, j'éviterai de raconter des « bouts d'histoire » : si les cas illustrent des points précis, ils constituent un ensemble et c'est l'ensemble qui permet de comprendre les parties.

Il faut ajouter que la réalité que nous allons découvrir est diverse. Le monde de l'entreprise n'est pas un monde blanc ou noir. Il est souvent contradictoire, toujours plein de contrastes. Ainsi dans la même entreprise pourra-t-on identifier quelques-unes de ces fameuses « poches de sous-travail » à côté de zones de sur-travail parfois génératrices de désastres psychosociaux. La vie de ces organisations ne se prête donc pas à une lecture idéologique, du moins dans la grille de lecture qui est la nôtre, celle de la microsociologie. Au contraire, l'idéologie, celle du langage managérial en tout premier lieu, masque la réalité et, pour utiliser une expression qui eut son heure de gloire, elle empêche d'« écouter ». Or, précisément, l'objectif premier de ce livre c'est bien d'écouter les organisations et ceux qui y travaillent. Je dirai donc tout ce que j'ai vu, ce qui bien sûr ne veut pas dire que j'ai tout vu. J'espère simplement que les lunettes que j'utilise, qui sont celles de la sociologie des organisations, m'aideront à ne pas déformer les univers parfois surprenants que j'ai observés. Une dernière remarque : dans la quasi-totalité des cas, les entreprises ne font appel à moi que lorsque quelque chose « ne va pas ». Les temps sont loin où l'on demandait au sociologue de faire une étude « juste pour voir ». La conséquence immédiate c'est que ces monographies révèlent des problèmes (c'est l'objet de la demande) bien plus qu'elles ne donnent une image apaisée de la vie des entreprises. Telle est la règle du jeu. Néanmoins, dans la dernière partie, nous regarderons vivre des organisations qui ont su « faire autrement » et anticiper plutôt que subir les changements du monde dans lequel elles évoluent.

PREMIÈRE PARTIE

Comment les entreprises ont perdu le contrôle d'elles-mêmes : les conséquences de la « paresse managériale »

CHAPITRE I

On a laissé « filer » le travail

La notion de « paresse managériale » pourrait prêter à confusion : en matière de gestion des organisations, les hommes d'hier seraient-ils moins courageux ou moins conscients que ceux d'aujourd'hui ? La réponse est évidemment négative. Selon les époques, les « managers » opèrent dans des contextes économiques très différents, qui expliquent en grande partie les choix qu'ils sont amenés à faire. De la même façon, on ne peut dire qu'il y a eu depuis les années 1970 des gouvernements laxistes et des gouvernements vertueux : chacun s'est trouvé confronté à des contraintes plus ou moins exigeantes et a adapté en conséquence sa politique. Les jugements portés au jour le jour sur ces politiques relèvent quant à eux soit de la polémique soit des analyses *a posteriori* de leurs conséquences.

Les pratiques managériales obéissent à la même logique. Dès lors que les circonstances le permettent, les pratiques s'adaptent. Elles visent avant tout à réduire la conflictualité au sein de l'organisation beaucoup plus, en première instance, qu'à maximiser le gain escompté. Phénomène compréhensible dans la mesure où le premier élément (la réduction de la conflictualité) est perçu dans nos pays comme la condition de l'autre (la maximisation du gain). Paix sociale et « pas de vagues » sont les deux mamelles du développement économique en période de croissance.

Voilà pourquoi, aussi longtemps que cela fut possible (jusqu'aux années 1980 environ), les organisations ont poussé, parfois très loin, leur caractère *endogène*. Ce terme indique que dans la construction de l'organisation, de la façon dont on va demander aux acteurs de travailler, la priorité est donnée, consciemment ou inconsciemment, aux problèmes internes de cette organisation – qu'ils soient techniques ou humains – par rapport à ceux de l'environnement, des clients ou « usagers » en particulier.

On comprendra immédiatement que les administrations publiques sont « par nature » endogènes, dans la mesure où les règles et principes qui régissent leur action et la gestion de leurs personnels sont avant tout destinés à protéger leurs membres bien plus qu'ils ne le sont à « servir » leur environnement pertinent. Inutile de reprendre ici toute la littérature ni tous les exemples qui abondent sur ce sujet : il suffit de lire les rapports de la Cour des comptes, seule institution peu contestée lorsqu'elle soulève ces questions, pour appréhender l'ampleur du phénomène. On pourrait aussi se pencher sur les mécanismes d'allocation des ressources humaines dans l'Éducation nationale ou dans la police : un Premier ministre a suggéré un jour que l'on adapte les horaires des policiers à ceux des délinquants. Il avait tout compris du caractère endogène des organisations.

Les phénomènes d'externalisation

À cette notion est intimement liée celle d'« externalisation » que j'ai eu l'occasion d'explorer par ailleurs avec mon collègue Jean-Claude Thœnig[1]. Elle exprime un constat simple : les

1. François Dupuy et Jean-Claude Thœnig, *La Loi du marché. L'électroménager en France, aux États-Unis et au Japon*, Paris, L'Harmattan, 1986.

acteurs d'une organisation (ou d'un « système ») ont d'autant plus de chances d'aplanir leurs éventuelles divergences d'intérêts qu'ils en « externalisent » le coût sur leur environnement, le client ou l'usager. Ainsi les acteurs de l'administration publique – politiques, hauts fonctionnaires, agents, syndicats – peuvent-ils d'autant mieux s'entendre sur les conditions et les modalités de travail des uns et des autres que le coût de cet arrangement est externalisé vers la collectivité *via* la fiscalité ou les monopoles. En revanche – retour à la notion de contexte –, cet accord a de grandes chances de voler en éclats dès lors que la ressource publique se tarit, que les marchés s'ouvrent ou, comme on l'a constaté récemment, que les agences de notation commencent à faire les gros yeux.

Explorons plus avant la façon concrète dont se sont manifestées au quotidien ces deux notions d'endogénéité et d'externalisation.

En premier lieu, par une faible exigence quant à la quantité réelle de travail fourni et donc quant à la productivité de ce travail. On se souvient du titre d'un livre à succès – et objet de scandale –, *Bonjour paresse*[1]. Ce titre est trompeur car, compris au premier degré, il attribue aux acteurs eux-mêmes la responsabilité, la volonté même, d'un travail faiblement productif. J'aurais pour ma part préféré *Bonjour laxisme*, car le sous-travail résulte beaucoup plus d'un accord implicite entre les parties concernées que de la négligence ou la mauvaise volonté d'un seul d'entre eux. En somme, on a le travail qu'on mérite !

Que l'on soit dans le domaine public ou dans le domaine privé, le mécanisme a été le même, et continue de l'être dans certains secteurs. Dès lors que la contrainte extérieure reste faible, soit

1. Corinne Maier, *Bonjour paresse. De l'art et de la nécessité d'en faire le moins possible en entreprise*, Paris, Michalon, 2004.

parce que l'entreprise est en situation de monopole (ou agit sur un marché cartellisé de fait), soit parce qu'elle réalise des marges assez confortables pour lui permettre d'absorber le coût des dérives du travail, l'organisation ne se donne pas comme priorité l'amélioration ni même le contrôle de sa productivité. Elle achète la paix sociale d'autant plus facilement que d'autres ont pu être appelés à payer la facture, aussi bien en termes de coûts directs (le prix) qu'indirects : la qualité des produits ou des services fournis. Sont alors apparues des situations qu'un observateur non averti pourrait considérer comme « absurdes » tant leur énoncé brut peut surprendre, mais qui relèvent de la « normalité quotidienne » pour les acteurs impliqués. Ainsi a-t-on pu voir (à la télévision et à une heure de grande écoute !) un grand patron expliquer que, dans son entreprise, la journée supplémentaire que les salariés devaient travailler au profit des personnes âgées, à la suite de la canicule de 2003, se traduirait chez lui par une augmentation quotidienne du temps de travail des salariés de... quelques secondes ! Il ne prenait pas grand risque dans la mesure où ces phénomènes de sous-travail ne font encore l'objet d'aucune étude globale. Seules quelques entreprises se sont attelées – sous la pression de la nécessité évidemment – à évaluer l'ampleur du phénomène, mais elles se gardent bien de communiquer le moindre chiffre, pour ne pas mettre le feu aux poudres.

Ce type de situation, pour être viable et à vrai dire pour ne pas « faire trop désordre », nécessite une « variable d'ajustement », qui est fournie, dans le secteur public comme dans le secteur marchand, par les intérimaires ou contractuels précaires de toutes sortes. C'est aussi, à sa façon, un mécanisme d'externalisation : les « titulaires » peuvent d'autant plus cumuler les avantages, statutaires ou implicites, que ceux qui ont peu ou n'ont pas de choix sur un marché du travail détérioré viendront compenser par une activité accrue ce que ne font pas ceux qui ont une activité minimale. En somme, dans un tel contexte, ceux qui bénéficient de ces situations avantageuses n'ont aucun intérêt à ce que le marché du travail s'améliore radicalement et de façon durable. Si tel devait être le cas, le « deal » entre les différentes parties devrait être redéfini et les charges de travail sans doute rééquilibrées. Il existe d'ailleurs sur ce point également des études comparatives consacrées aux différentiels de temps de travail et de productivité entre titulaires et intérimaires. Mais, à nouveau, elles relèvent du « secret défense » de l'entreprise, sans aucun espoir de « déclassification ».

Dès lors que la nécessité impose de faire mieux et même de faire « mieux avec moins », la question devient celle des stratégies utilisées par les organisations pour faire face à ces exigences nouvelles. Toutes celles que j'ai pu observer et qui vont être présentées dans les pages qui suivent concourent à réduire la dépendance vis-à-vis du travail humain, perçu comme peu fiable, aléatoire, incontrôlable et donc devenu objet de méfiance sous la pression des événements.

On peut d'abord « re-tayloriser » le travail de façon à ce que son rythme ne dépende plus de celui qui l'effectue et donc de sa bonne volonté, mais d'une norme collective fixée avec plus ou moins d'objectivité et qui correspond aux besoins de l'entreprise. C'est bien ce que voulaient Taylor, Fayol et ceux qui les ont suivis : mettre le travail sous contrôle, autonomiser la cadence par rapport à la spécificité de chaque individu.

On peut aussi « automatiser » à outrance, selon une logique dans laquelle l'utilisation des possibilités offertes par la technique devient une fin en soi et est assimilée au « progrès ». Un pays comme la France est « champion du monde » de l'automatisation. Son rêve, c'est un « métro entièrement automatique », des caisses de supermarché sans caissière et tant pis si un code-barres ne sourit pas ! Mais il faut être très hexagonal pour penser qu'« ainsi va le monde». D'autres pays font au quotidien des choix différents (les États-Unis par exemple, contrairement à l'idée répandue) et utilisent la technologie «en tant que de besoin» et non comme un substitut providentiel à un travail humain auquel on ne fait plus confiance.

Emploi et travail : les deux faces d'une même réalité

On peut enfin délocaliser. Voilà bien une pratique que la morale collective réprouve tant elle semble faire peu de cas du «patriotisme économique» voire du patriotisme tout court, qui voudrait que la conservation des emplois sur le territoire national relève simplement du civisme élémentaire. D'où la fascination parfois pour les activités manufacturières qui sont les plus visibles parce que les plus porteuses de drames en ce début de siècle, mais aussi parce que leur disparition modifie le paysage quotidien dans lequel nous avons grandi : quelle que soit leur religion, rares sont ceux d'entre nous qui verraient disparaître sans nostalgie les églises de nos villes et de nos campagnes. Mais seuls quelques économistes se soucient de discuter sérieusement le poids de la fabrication dans la «chaîne de valeur» de l'industrie automobile.

Et pourtant... Il faut ici rappeler les facteurs à l'œuvre : j'observais plus haut que le sous-travail était autant le résultat d'un laxisme des dirigeants que d'une «paresse» de ceux qui le pratiquent. Il me faut maintenant constater que les délocalisations visent autant à trouver ailleurs du travail moins cher qu'à y trouver du travail tout court. La responsabilité, à nouveau, en est donc collective, systémique dirait le sociologue. Plus généralement, on ne peut s'empêcher de remarquer que ces pratiques peu vertueuses des uns et des autres ont pour conséquence à terme de

« tuer » l'emploi de demain. En somme, je ne parle pas ici simplement du travail d'aujourd'hui, mais aussi de celui de demain, en constatant que travail et emploi sont – pour partie seulement – les deux volets d'une même histoire qui contribue à son tour à réduire à peu de chose la solidarité intergénérationnelle déjà gravement mise à mal par ailleurs [1].

Une dernière remarque : dans l'imaginaire collectif, le sous-travail est largement attribué à l'administration publique, ou du moins à ces parties de l'administration publique que l'on peut railler sans risque. Il ne viendrait à personne l'idée d'affirmer que les infirmières peuvent être en sous-activité, tant la perspective que l'on pourrait un jour « passer entre leurs mains » oblige tout un chacun à penser qu'elles font preuve d'un dévouement sans faille. Cependant, les études que j'ai menées sur ce secteur montrent que la mauvaise organisation du système hospitalier et la rigidité de son fonctionnement mettent certains services en position dramatique de surcharge, quand d'autres sont en situation notoire de sous-activité, dans un contexte où les ressources sont largement suffisantes… sauf autour du patient ! Même si cela relève des « indicibles » de nos sociétés, l'hôpital obéit aux règles que l'on peut observer dans le reste des organisations : il est une réalité complexe, diversifiée, qui ne peut se réduire aux quelques clichés idéologiques ou partisans, qui vont de « les fonctionnaires ne fichent rien » jusqu'au sempiternel « on manque de moyens ».

Néanmoins, il est vrai que le phénomène est sans doute plus répandu dans la fonction publique et tout ce qui s'en rapproche : entreprises publiques ou ex-publiques. Preuve de ce que tout le monde sait : l'État a toujours été un employeur très complaisant

1. Louis Chauvel, *Les Classes moyennes à la dérive*, Paris, La République des idées/Seuil, 2006. Voir en particulier le chapitre III.

tant que ses ressources lui ont permis de céder aux pressions de ses salariés, voire de les précéder. Et lorsqu'on a mis le doigt dans cet engrenage de la complaisance on y engage très vite la main et l'on éprouve ensuite beaucoup de difficultés à retirer son bras. Cela dit, cette approche demeure partielle et pour tout dire partiale. Le sous-travail affecte aussi le secteur marchand, sans doute de façon diffuse et sous des formes différentes, moins « tolérées », mais cependant connues de tous : les interminables réunions sans grande utilité, les pauses à rallonge, bref toutes ces pratiques qui font que face à la dureté grandissante du travail d'aujourd'hui, il existe toujours des moyens de s'en extraire, ne serait-ce que temporairement[1]. Nous y reviendrons.

Voici à titre d'exemple un cas emprunté au secteur marchand[2].

Nous sommes dans l'industrie agro-alimentaire et l'établissement dont nous parlons constitue la partie d'un ensemble plus vaste. La tâche qui lui est assignée est de préparer quotidiennement des commandes, parfois importantes, parfois assez réduites, qui seront ensuite livrées, généralement directement à des détaillants. À l'issue des entretiens que j'y ai effectués, deux observations m'ont frappé.

D'une part il s'agit d'un univers « dé-normé », dans lequel les repères quant à ce qui est normal et ce qui ne l'est pas en matière de travail, mais aussi en matière de gestion des ressources humaines, se sont au fil du temps délités. Bien entendu, personne n'a voulu, favorisé ni organisé cette évolution. Elle s'est

1. C'est sans doute cette dureté croissante du travail qui explique qu'il n'est plus aujourd'hui un objet de plaisanteries pour les « amuseurs publics ». Sauf en matière de transports – où la gêne provoquée par le sous-travail peut être importante –, le consensus se fait dans nos sociétés pour considérer que si certaines catégories peuvent échapper à l'épreuve d'un travail toujours plus dur et contraignant, tant mieux pour elles.

2. Ce travail a été réalisé en 2008.

produite au fil de l'eau, résultat d'un accord tacite et implicite entre une direction qui souhaite que les produits soient livrés en temps et heure (certains sont périssables) et pour qui la productivité du travail n'est que marginale et un syndicat, devenu petit à petit dominant puis hégémonique, qui a compris l'importance de ce qu'il « contrôle », une « incertitude » diraient les sociologues, et entend bien bénéficier et faire bénéficier ceux qui le suivent de cette situation favorable. On n'oubliera pas, dans l'émergence de cet univers, le rôle joué par une inspection du travail dont la volatilité des représentants les empêche d'assumer toutes les conséquences de leurs décisions. Ainsi, ils jugent et imposent à l'entreprise leurs conclusions au coup par coup sans avoir même à en connaître les effets.

D'autre part, j'ai constaté une agitation qui à l'analyse s'est révélée « fantasmatique » d'abord, stratégique ensuite, sur les thèmes de la dureté des conditions de travail et de la violence qui en résulterait, y compris entre les employés eux-mêmes.

Quand la réalité dépasse la fiction

À la source de ce double constat, on trouve la très classique question des priorités que se donne la direction, au-delà du discours convenu qu'elle tient sur la productivité et la qualité. Cette priorité, c'est celle d'un acteur puissant sur son marché, qui bénéficie auprès de ses clients d'une réputation positive et qui ne souhaite pas la voir détériorée par des conflits sociaux qui affecteraient les relations avec ces mêmes clients. « Livrer » ceux-ci dans des conditions acceptables l'a toujours emporté sur toute autre considération, d'autant plus qu'une grève quelques années plus tôt a montré à quel point un mouvement social pouvait être pénalisant.

Ce souci prioritaire de la satisfaction du client « à tout prix » a conduit l'entreprise à céder à plusieurs reprises sur le terrain de la « discipline » au travail. Concessions d'autant plus nécessaires qu'une partie des salariés a vite compris le bénéfice qu'elle pouvait tirer de cette situation en termes de rythme de travail, de « présentéisme » ou d'absentéisme et, d'une façon générale, de refus de toute contrainte dans un univers qui n'en imposait déjà pas beaucoup.

Au fil du temps, la situation n'a cessé de se détériorer, sous les yeux d'un encadrement et d'une maîtrise qui, eux non plus, n'ont pas mis longtemps à comprendre quelles étaient les vraies « règles du jeu » dans cet univers. Le sous-travail est alors devenu une norme admise, au point de susciter chez certains acteurs, assurés que leurs propos resteraient confidentiels, des réactions et des descriptions brutales. En voici quelques-unes :

> Les gens s'en foutent ici de ne pas finir leur travail. Ils pensent toujours que quelqu'un d'autre le fera. En plus même les agents de maîtrise manquent d'assiduité. Il y a un je-m'en-foutisme général qui s'est installé.

> Je ne crois plus à la discipline ici. Il y a des choses qui vont assez loin et qui ne sont pas réprimandées. Et quand on regarde les abus, ce sont bien sûr toujours les mêmes personnes.

> Ceux que j'ai en charge – c'est un agent de maîtrise qui parle – ils ont trente ans de maison, ils ont leurs habitudes. On commence le matin et ils flânent… ils prennent le café… ils font des mots croisés. J'ai un élu du personnel, il s'en va en me disant « je vais à la salle » (le local syndical). Moi, je ne sais pas où il va. Il s'absente comme il veut. C'est ce qu'on voit partout dans les ateliers. Ça m'effraie ! On tourne au ralenti. Et je n'en parle pas avec eux parce que c'est

> un sujet tabou. Si je leur disais quelque chose, ils le prendraient mal et ils le retourneraient en leur faveur, comme toujours.
>
> Les gens sont en arrêt systématiquement. C'est incroyable de voir ça. Et personne ne fait rien. Ça finit par me faire mal.

Non seulement ces témoignages décrivent à satiété le phénomène de sous-travail et le malaise qu'il peut provoquer, mais ils attirent l'attention sur l'une de ses conséquences, qui en retour a contribué à son aggravation, selon une pure logique systémique : la position de l'encadrement et de la maîtrise en particulier. On comprend que dans le « système » que l'on voit peu à peu émerger, c'est l'encadrement dit « de proximité[1] » qui souffre le plus. Il se retrouve « coincé » entre des salariés qui, s'ils le veulent, peuvent ne travailler qu'au gré de leur bonne volonté et une « direction » – terme qui pour les salariés de cette entreprise désigne les cadres en général – qui n'est pas présente dans les ateliers et peut toujours trouver un bon motif pour se défausser, refuser de « monter un dossier » pour les cas les plus criants, et qui décline systématiquement les sanctions que cet encadrement de proximité lui propose. Cette situation provoque chez ce dernier deux réactions qui viennent à leur tour accélérer les phénomènes de « décomposition sociale ».

D'une part, ils « jouent » sur les derniers éléments de pouvoir qu'il leur reste, les nominations par exemple, en promouvant tout naturellement ceux dont ils pensent qu'ils sont les plus fiables. Mais dans un univers aussi délétère, ces nominations « individualisées », décidées en vertu de critères strictement « locaux » (la relation personnelle à l'agent de maîtrise, l'idée que celui-ci se fait des mérites de chacun), débouchent inéluctablement sur un

1. Voir le chapitre V.

procès de « favoritisme » et une dénonciation vigoureuse de l'« arbitraire » des « petits chefs ». Là encore, l'absence de quelques normes simples, déjà observée dans le travail, pénalise la gestion des individus au jour le jour, accroissant sans fin la suspicion générale, la frustration et même le sentiment qu'il ne vaut vraiment pas la peine d'en faire plus. C'est ce que les sociologues appellent un « cercle vicieux ».

Comble de malchance dans le cas qui nous occupe, l'atmosphère délabrée qui caractérise la gestion des ressources humaines au sein de cette unité a été entretenue par les différences, toujours mal acceptées, entre ceux qui sont payés sur la base de quatorze mois et ceux qui le sont sur la base de treize. Et le système des primes individualisées en vigueur n'a alors constitué qu'une pierre supplémentaire à l'édifice. Il n'est pas étonnant que dès lors que personne ne se préoccupe de faire respecter un minimum de règles en matière de travail, les acteurs en soupçonnent aussi l'absence dans la façon dont ils sont gérés. La dégradation des univers de travail est aussi « œuvre collective » et la « paresse managériale » entretient la paresse tout court.

La deuxième réaction (stratégie) de l'encadrement de proximité est l'amertume et les comportements de retrait auxquels elle conduit, qui contribuent à leur tour à amplifier le caractère anomique de ce système. Les acteurs ne s'en cachent d'ailleurs pas, comme en témoignent les extraits d'entretiens qui suivent :

> Les gens s'arrêtent une demi-heure avant la fin du poste et de toute façon je ne peux rien dire, car je ne serais pas suivi…

> Oui, on a peur de tout ! Peur du conflit, peur de l'inspection du travail et tout ça entraîne le retrait de la hiérarchie puisqu'on n'a jamais osé montrer les dents.

> On a donné une grande importance au dialogue et aux représentants syndicaux. En fait, on a aboli l'ordre et il y a aujourd'hui un vrai problème de hiérarchie. On a l'impression qu'on a acheté la paix sociale en donnant des droits sans contrepartie. Et maintenant, il faudrait que nous, on se débrouille avec ça…

Pour résumer, on voit clairement dans quel « piège » se trouve enfermé cet encadrement de proximité : s'il s'investit véritablement dans son travail – sa responsabilité en fait –, il ne peut que constater les phénomènes quotidiens de sous-travail, voire de non-travail (pour les postes de nuit en particulier). S'il cherche à intervenir, la relation se conflictualise rapidement et l'expose à la riposte d'un syndicat dominant sans qu'il puisse compter sur un quelconque soutien de sa direction. On le constate à nouveau : l'anomie de cet univers est de nature systémique.

Ajoutons que les pratiques qui viennent d'être décrites se propagent d'autant plus facilement, et ce dans une relative indifférence, que les acteurs concernés n'ont pas connu d'autres univers de travail ou très peu. Il n'y a pas de « norme alternative » qui vienne compenser la norme dominante. Ceux qui évoluent dans ce contexte manquent d'éléments de comparaison et ont donc parfois du mal à percevoir ce que cette situation peut avoir d'anormal. C'est un trait commun à toutes les organisations dans lesquelles ces pratiques se sont développées. Par contraste, cela explique l'effarement de ceux qui arrivent de l'extérieur, surtout quand ils ont été recrutés pour « remettre de l'ordre ». Un ingénieur chevronné, nouvel arrivant dans l'entreprise, s'exprime ainsi :

> Le sous-travail, la fainéantise à ce niveau, je n'avais jamais vu ça ! Nulle part ! Ce n'est pas isolé. Ici, c'est un sport national, avec

l'absentéisme. 26 % à ce qu'on m'a dit le mois dernier ! Vous vous rendez compte ? On se sent complètement démuni. On vous explique que c'est le passé, l'histoire et finalement, on accepte qu'un nombre indéterminé de gens soient là pour toucher un salaire sans travailler.

Les intérimaires, variable d'ajustement

Reste maintenant à identifier la « variable d'ajustement » qui permet d'assurer bon an mal an les tâches nécessaires à la survie de cet univers que l'on pourrait croire condamné à l'issue de ces constats. On a déjà noté que, compte tenu des marges réalisées par cette entreprise et de sa situation favorable sur le marché, la productivité du travail n'était pas un élément central de la politique développée vis-à-vis du personnel – c'est un euphémisme. Néanmoins, cette situation trouve une limite factuelle dans la nécessité de « sortir » jour et nuit la production dans des conditions acceptables pour le client. Rappelons en effet que cette compagnie est loin d'être en situation de monopole et que les possibilités d'externalisation des « coûts de fonctionnement » sont limitées.

Ce n'est pourtant pas cette nécessité qui vient « réguler » les excès de ce système. À nouveau par accord tacite entre les parties concernées, direction et syndicat, une « variable d'ajustement » est trouvée. Ce sont les intérimaires qui, bon gré mal gré, jouent ce rôle. Arrêtons-nous quelques instants sur ce phénomène, non seulement parce qu'il est accepté par l'ensemble des acteurs, mais aussi parce qu'il provoque beaucoup de réactions émotionnelles et de jugements moraux. Il n'y a là rien de surprenant : nous touchons aux limites de ce qu'un ensemble humain peut accepter de révéler sur ses pratiques, tant elles sont contradictoires avec toutes les rhétoriques en vigueur, aussi bien managériales que syndicales[1].

De fait, comment accepter de voir une catégorie de démunis – de plus démunis que les autres en tout état de cause – « payer » par son propre travail la situation enviable de titulaires protégés et même, en l'occurrence, très bien protégés ? Ce mécanisme est beaucoup plus répandu que la pudeur sociale ne l'admet. Il constitue un effet mécanique de l'octroi de privilèges à une population qui, pour pouvoir en bénéficier, en « externalise » le coût sur une autre population qui, elle, n'en bénéficie pas. Il s'agit en quelque sorte d'une « externalisation interne », par opposition à celle qui s'exerce vers le client ou l'environnement en général. C'est le rôle qu'ont toujours joué – et que continuent de jouer – les « auxiliaires » de la fonction publique, toujours titularisés en fin de compte mais toujours renaissants car, sans exclus, point de privilégiés.

Cela explique, dans le cas qui nous occupe, le « parcours initiatique » des intérimaires. Pendant un temps, ils travaillent nettement au-dessus du rythme des titulaires, même des mieux disposés d'entre eux, et se voient, après cette période probatoire, reconnaître le droit de rejoindre le royaume des élus, *via* l'embauche définitive tant espérée. Cette embauche est aussi indispensable que l'intérimaire lui-même, car le maintien prolongé dans cette situation deviendrait plus ou moins rapidement intolérable pour des acteurs qui ne l'acceptent que parce qu'ils en anticipent l'issue positive. En outre, pour les titulaires eux-

1. Comme les autres, cette entreprise a fait quelques études – discrètes – sur les différentiels de productivité entre titulaires et intérimaires. Mais elles ont été soigneusement rangées dans les tiroirs car jugées, comme d'habitude, porteuses potentielles d'« ennuis sociaux ».

mêmes, il pourrait s'avérer contre-productif de démontrer que, *de facto*, l'entreprise fonctionne mieux avec des intérimaires qu'avec des titulaires (comme à l'Éducation nationale). Le flot doit donc être alimenté en permanence : une réduction drastique du nombre des intérimaires déstabiliserait à coup sûr ce système. Quant à l'intérimaire lui-même, il attend avec patience et résignation que cette période de transition se termine, en acceptant tout ce qui lui est demandé. L'un d'eux raconte :

> En tant qu'intérimaire, je préfère ne pas demander un autre poste. J'attends qu'ils me le disent. Je pourrais faire du contrôle par exemple. Mais je crois bien qu'en tant qu'intérimaire, on n'a pas le droit de demander. Alors j'attends…

Il n'est donc pas surprenant que tous les acteurs reconnaissent sans états d'âme le phénomène, pourvu bien entendu que cette réalité ne « sorte » pas de l'entreprise. La distinction entre titulaires et intérimaires et sa « fonctionnalité » est même le sujet sur lequel les interviewés se sont exprimés le plus volontiers :

> Bien sûr on dispute davantage les intérimaires que les embauchés parce que eux [les embauchés] ils ont du mal à accepter qu'on leur dise quelque chose. Alors du coup, on demande davantage aux intérimaires.

> Les intérimaires travaillent plus que les autres, c'est une réalité. Pour revenir d'abord ! Mais si tout le monde faisait son travail, il n'y aurait pas autant d'intérimaires.

> Que les intérimaires travaillent plus que les embauchés, ce n'est pas un sentiment, c'est une réalité. Le jour où ils s'en vont la productivité plonge.

> L'embauché, forcément ce n'est pas le même rythme, pas le même rendement. On a tendance petit à petit à travailler moins d'heures.

On peut comprendre qu'un tel univers de travail finisse par être traumatisant pour une partie des acteurs, non seulement les agents de maîtrise dont on a vu qu'ils étaient les principales victimes, mais aussi tous ceux que le désordre inquiète ou angoisse lorsqu'il atteint ce stade. En l'espèce, le traumatisme s'est révélé d'autant plus profond que les acteurs pensent, à tort ou à raison, qu'une organisation syndicale et ses membres les plus actifs sont les principaux bénéficiaires de la situation. Ce constat a pour conséquence de « durcir » les oppositions, de dégrader davantage la cohésion déjà bien fissurée de ce monde. Les formules utilisées deviennent alors tranchées, sans nuances :

> Il y a des délégués qui en profitent à mort, qui sont les plus tire-au-flanc. Si les gens qui sont dans une salle sont avec un délégué, c'est encore plus dur de les remettre au travail. C'est pas peu dire !
>
> Ici, ce qui me chagrine… il y a un phénomène… les non-syndiqués et les syndiqués. Eux, c'est l'apothéose de la fainéantise, du je-m'en-foutisme, des branleurs. Les pauses, le shit, tout ça…

Ces extraits d'entretiens n'ont pas vocation à provoquer ou à choquer. Ils montrent que lorsqu'un univers humain « dérive » à ce point, il finit par échapper à tout contrôle et perd progressivement le contact avec la réalité. Ce qui ailleurs serait simplement ridicule ou obscène devient possible. Et l'on peut qualifier ce possible de « mortifère », car non seulement il traduit l'effacement de toute norme quant à ce qui est acceptable et ce qui ne l'est pas, mais il génère sa propre contestation au sein de la frange de la population qui s'en dissocie. Car cette organisation a franchi – ou est en passe de franchir – une limite qui veut que l'intérêt commun minimum entre les membres d'une organisation soit la survie de celle-ci. Et en effet, quand un cadre précise : « Pour les syndicalistes, c'est le chaos qui crée l'emploi et ils me disent que s'ils salissent, c'est pour donner de l'emploi à la société de nettoyage », on se dit qu'un pas supplémentaire a été fait dans la destruction du collectif de travail.

Dramatiser pour garder le contrôle

Ce cas est une illustration parfois fascinante de l'effet « boule de neige » des dérives d'un système social. Car la désagrégation de cet ensemble humain porte en elle le germe de l'éloignement progressif d'une partie des salariés de cette logique. Cela se traduit par la réapparition d'une organisation syndicale jadis majoritaire et qui, optant pour une stratégie de compensation, développe un discours de responsabilité et de retour à l'ordre. Dans ces conditions, il devient impératif, pour les salariés membres ou proches du syndicat qui « mène le bal », de créer une dramatisation susceptible de réintroduire le consensus minimum nécessaire entre les salariés et de remettre en position d'accusée une direction dont on a déjà noté l'extrême fragilité. D'où l'apparition régulière sur l'agenda social de l'entreprise des thèmes des conditions de travail, qui seraient particulièrement dégradées, et de la violence qui exploserait régulièrement en son sein.

La sociologie a ses « techniques », l'une d'entre elles consistant, lors d'un entretien, à porter la même attention à ce dont les gens parlent qu'à ce dont ils ne parlent pas. Or les deux thèmes en question ne sont jamais apparus spontanément durant les interviews où les personnes interrogées étaient invitées à se prononcer sur les aspects positifs ou négatifs de leur travail. L'aspect répétitif et ennuyeux de ce travail effectué de façon solitaire fut souligné. Mais l'évocation d'une éventuelle pénibilité physique a surpris les interviewés (une simple observation des ateliers permet de le comprendre) ; de même, le questionnement sur le stress éventuel lié à leur activité les fit sourire. Répétons à cette occasion que les thèmes qui émaillent régulièrement et spontanément les entretiens sont ceux de l'injustice ou de l'absence de clarté du système de promotion ou de rémunération, ainsi que celui du « scandale du sous-travail ». En voici quelques exemples :

> Est-ce qu'il y a des problèmes de conditions de travail ? Non, je ne trouve pas. Ce n'est pas dangereux, c'est sécurisé. On essaie d'éviter les poids de charge. Quant au stress... oui... je dirais oui pour les intérimaires, car ils ont plus de pression. Mais ce n'est pas le cas des embauchés !

> Ce n'est pas un travail pénible, non. Celui qui dit qu'il travaille péniblement, il n'a rien vu de la vie. Ici, c'est vraiment pas la prison... c'est une planque, quoi !

> Les intérimaires sont stressés parce qu'ils ne savent pas s'ils vont être repris. À part ça, non, ce n'est pas un boulot stressant.

Le thème des conditions de travail est donc, dans cet univers, une création « politique ». Il ne correspond ni aux observations que l'on peut faire, ni surtout au vécu des acteurs, pas plus que n'y correspond celui de la violence. Interrogées sur ce dernier point, quelques personnes de l'échantillon ont mentionné un incident, toujours le même, qui ne s'est d'ailleurs traduit par aucun acte physique et a opposé deux salariés sur une question qui n'a rien à voir, de près ou de loin, avec le travail et la vie de l'entreprise. Pour le reste, deux des interviewés, un cadre et un opérateur, résument ainsi la situation :

> La violence ? Non, du verbal, des insultes dans les ascenseurs. Quelquefois ils ramènent leurs problèmes de dehors à l'intérieur. Mais les conflits ne sont pas liés au travail, ils viennent de l'extérieur.
>
> La violence, j'en ai entendu parler il y a quelque temps, mais ça ne doit pas arriver tous les jours ! Ici, on est en sécurité.

La question de la violence mériterait ici d'être renversée : comment se fait-il qu'un univers de travail aussi déstructuré, inégalitaire et parfois angoissant, ne génère pas plus de débordements entre les acteurs ? L'explication est à chercher, en partie, dans le contrôle social rigoureux qui s'exerce dans ce milieu. Tous, y compris les plus prompts à critiquer la déliquescence de ce système, l'ont reconnu : ils tirent ou ont tiré avantage de son anomie. Une complicité collective *de facto* s'est ainsi créée, dont ensuite il est bien difficile de sortir individuellement. En ce sens, pour certains, les entretiens ont pu servir d'exutoire. Par ailleurs, les flottements de la politique de rémunération et de promotion ne conduisent les salariés à aucune mansuétude vis-à-vis d'une direction tenue en partie pour responsable, y compris par l'encadrement de terrain, de la situation. Enfin, l'organisation même du travail, très individualisée au moins chez les opérateurs, ne favorise pas l'implication dans la vie collective. En revanche, tout cela permet, pour une minorité plus active, plus déterminée, de prendre le contrôle de cet univers en gratifiant chacun de son lot de « récompenses » pour étouffer toute protestation, sans aller trop loin ni mettre en danger la survie de l'organisation.

Le lecteur peut, à ce stade, anticiper l'épisode suivant. Un retour à une situation plus « normale » par une démarche autoritaire semble peu probable, tant la direction a « perdu la main » sur le travail. En revanche, elle peut être tentée de desserrer l'étau et de se « libérer » d'une contrainte dont elle a perdu la maîtrise. À titre d'exemple, deux possibilités se présentent à elle, qu'au moment de l'étude elle avait commencé à explorer : l'informatisation croissante de la préparation des commandes, ce qui ne présente pas d'obstacles technologiques majeurs ; le retour au travail à la chaîne, qui permet d'imposer à l'opérateur le rythme de son travail et non l'inverse. Si tel devait être le choix, force serait de constater que le sous-travail d'aujourd'hui, dont il faut une dernière fois souligner qu'il est de nature systémique, c'est-à-dire le résultat des interactions entre les acteurs impliqués, aura en partie tué l'emploi de demain.

Ce qui est frappant ici, c'est la construction collective d'un univers de travail dont on va ensuite chercher à attribuer la responsabilité à l'un des acteurs. On sort ainsi de l'idée simpliste selon laquelle quelqu'un aurait « décidé » qu'il en serait ainsi ou qu'une « main cachée » serait capable de manipuler les uns et les autres pour y parvenir. À ce compte, il suffirait d'attendre qu'un individu plus « courageux », le fameux « sang neuf », prenne les choses en main et y mette bon ordre. La réalité est différente et bien éloignée de la recherche hypothétique d'un « leader » providentiel. Ce que j'ai pu observer, c'est que dans un univers aussi « construit » que celui-ci, dans lequel tous les acteurs (direction comprise) tirent un bénéfice de la situation existante, le changement ne peut venir que de la variation d'un élément de l'environnement. Pour le dire autrement, une organisation ne remet que très rarement elle-même en cause son caractère endogène. C'est la raison pour laquelle un État se réforme rarement de lui-même, sauf à affronter une crise particulièrement violente qui remette en cause sa crédibilité sur le marché des prêteurs. Et encore… Dans le cas des entreprises, c'est l'apparition d'un « nouvel entrant » sur le marché, la brusque détérioration des marges, inacceptable aux yeux d'un actionnaire jusque-là silencieux, qui peuvent créer le « moment du changement ». Bref, comme je l'ai déjà expliqué par ailleurs, le changement ne se produit pas quand il est nécessaire mais quand il est possible[1].

*

On pourrait m'objecter que le cas qui vient d'être exposé est très particulier, rare, et ne reflète qu'une réalité partielle. En voici donc un second, emprunté à un secteur radicalement différent puisqu'il s'agit d'un grand manufacturier du sud de l'Europe[2] Nous allons pouvoir à nouveau y observer les pratiques de sous travail au quotidien, mais surtout la difficulté de « reprendre en main » ce type de situation, y compris par une politique de petits pas prudente, patiente et incrémentielle. On notera par ailleurs que l'entreprise dont il s'agit, à la différence de la première, a longtemps eu l'État comme principal actionnaire, conséquence logique de la guerre civile que ce pays a connue au siècle précédent.

Tel quel, le « système » à l'œuvre dans cette entreprise (un établissement unique) fonctionne bien, même s'il le fait à un coût particulièrement élevé puisqu'il accepte une norme dominante de « sous-travail » et sa conséquence naturelle, le désinvestissement de l'encadrement voire son renvoi dans le camp des opérateurs. Bien entendu, s'il s'agissait de se confronter aux exigences du marché, ce mode de fonctionnement poserait un problème réel de productivité du travail qui, pour le moment, n'a pas été géré. La situation telle qu'elle apparaît au moment de l'étude n'est pas sans rappeler celle du manufacturier Renault

1. François Dupuy, *Sociologie du changement. Pourquoi et comment changer les organisations*, Paris, Dunod, « Stratégies et Management », 2004.

2. Nous y avons effectué deux études, en 2007 et 2008.

chez le voisin français, avant l'arrivée de Georges Besse : une priorité donnée à la qualité et aux coûts de production, dans le discours ; une attention dominante portée aux problèmes sociaux, dans la réalité. La « peur du social » détermine toute décision importante et, intéressant paradoxe, empêche d'écouter les salariés : la relation aux syndicats est institutionnalisée et fait office de relation à l'ensemble du corps social. En d'autres termes, le syndicat a été mis en situation de monopole sur le marché des salariés et on ne voit pas pourquoi il ne tirerait pas avantage de cette situation.

L'écoute au premier degré des acteurs montre assez bien le climat et les pratiques qui règnent sur les lieux de production. Comme dans le cas précédent, c'est l'adjectif « délétère » qui s'impose à l'observateur extérieur. Voici comment un chef d'équipe (encadrement de proximité) décrit la journée des opérateurs :

> Ils commencent à 6 h 30. Jusqu'à 7 heures ou 7 h 15, je ne dis rien. De toute façon, si je dis quelque chose, ils vont mettre une heure et demie pour faire le réglage de la machine, là où moi je sais qu'il faut vingt minutes et après, ils iront chez le médecin. À 8 h 30 ceux qui restent [*sic* !] vont au casse-croûte. Et quelquefois, ils arrêtent le boulot une heure voire une heure et demie avant la fin du poste pour le nettoyage.

Un cadre fait un constat identique :

> Il y a un vrai problème d'absentéisme. Il y a des gens qui disent simplement : « Je ne viens pas. » Il y en a même qui ne préviennent pas. Alors c'est moi qui téléphone chez eux.

Les opérateurs eux-mêmes, lorsqu'ils sont mis en confiance, ont sensiblement la même perception. L'un d'eux témoigne :

> Certains le disent : c'est le Club Med ici. Et autour de moi, beaucoup me disent que je suis dans un centre de vacances. C'est vrai qu'on a beaucoup d'avantages et que je suis pas contraint par le travail, ça non.

De même, si l'on voulait entrer dans les détails, pourrait-on noter que le laxisme affecte le travail lui-même et son rythme particulièrement faible, interrompu par de multiples discussions et apartés, face auxquels les cadres n'ont d'autres ressources que des « bouts de ficelle », que l'un d'eux décrit ainsi sans enthousiasme :

> Moi j'ai une technique pour casser les discussions : je m'en mêle et comme ça, j'éclate le groupe.

La mise en difficulté de l'encadrement

En effet, la question se pose de savoir pourquoi l'encadrement (chefs d'équipe et chefs d'unité par exemple) ne réagit que très mollement à cette situation, quitte à se retrouver lui-même en position de « variable d'ajustement » lorsque l'urgence l'exige. Il y a à cela une première raison, qui tient aux pratiques « RH », sur lesquelles nous reviendrons plus loin tant elles sont exemplaires de quelques dérives contemporaines du management. Mais, dans l'immédiat, observons le cercle vicieux généré par le recours massif de cette entreprise à la sous-traitance, qui nous permettra de souligner à nouveau la nature systémique de la vie collective, en entreprise comme ailleurs.

L'entreprise a répondu à l'état d'un marché très porteur et aux contraintes liées aux capacités de son appareil industriel en accroissant régulièrement son recours à la sous-traitance. Aux yeux de la direction il s'agit d'un moyen de se donner de la souplesse et de réduire les coûts par rapport à un univers interne rigide. Le revers de la médaille, qui n'a pas été anticipé, c'est que l'encadrement a peu à peu perdu la maîtrise des temps et des flux, conditionnés par la performance d'organisations qui, cette fois, lui échappent totalement. Cela est d'autant plus vrai que les fournisseurs – c'est la quasi-règle en pareil cas – ont su parfaitement jouer de la segmentation extrême qui règne entre les différents services de l'entreprise, les acheteurs, la logistique, la production, la maintenance... Bref, le fournisseur est devenu l'« intégrateur » de services qui ne se parlent pas et dont la segmentation lui fournit toujours une excellente raison pour que les choses ne soient pas effectuées comme prévu dans le contrat initial, en temps et en heure.

Afin de pallier cette situation, l'encadrement de proximité a dû recourir à une souplesse accrue en interne, qui a nécessairement donné lieu à une négociation donnant-donnant, dans un univers qui privilégie la rigidité et la routine. L'encadrement obtient ainsi que des opérateurs travaillent le samedi et parfois le dimanche en contrepartie de son acceptation implicite de ne pas intervenir sur les rythmes de travail. Si bien qu'on laisse chacun « boire dix cafés par jour », qu'« il n'y a pas de flicage », qu'« on peut facilement dépasser les heures de repas », et que « rien n'est fait pour faire respecter les horaires ».

L'encadrement se retrouve donc en situation permanente de négociation avec les opérateurs dans la mesure où il ne dispose, dans une organisation qui reste encore très marquée par sa tradition étatique, d'aucun des leviers traditionnels inhérents à sa fonction (systèmes de rémunération, de promotion...) ; il se réfugie dans la gestion sociale individuelle afin d'obtenir de chacun qu'il fasse preuve de cette bonne volonté si nécessaire. C'est sans doute ce qui explique que les problèmes personnels interfèrent en permanence avec les relations de travail. Il m'est rarement arrivé, au cours des études que j'ai menées, d'entendre autant parler de divorces, de maladies et, d'une façon plus générale, de tous les malheurs de la vie.

Cela, bien sûr, n'empêche pas la non-exigence et le sous-travail d'être devenus une norme acceptée à peu près par tous, selon un mécanisme qui rappelle de façon frappante ce que Simone Weil décrivait dans les années 1930 dans *La Condition ouvrière*[1]. Mais ici, nous sommes loin des fameuses « cadences infernales ». La norme admise de « ne pas faire plus » est beaucoup plus renforcée que contrebalancée par la seule « contre-norme » présente sur les lieux de travail, celle de la qualité. Cette dernière est instrumentalisée pour justifier toute lenteur, tout arrêt, tout manquement trop voyant au rythme supposé de travail. En même temps, chacun dans le monde des opérateurs veille à ce que personne ne déroge à cette norme et apprend rapidement aux nouveaux entrants les « règles du jeu » en vigueur. Un opérateur le décrit ainsi :

> Celui qui essaie de progresser, de diminuer les temps, il est mal considéré. Il y a des gens qui se planquent quand on fait tourner les pièces. Ils font tourner les machines à vide.

Un jeune encadrant fait le même constat :

> On n'a pas appris aux gens à faire plus ici et d'ailleurs on ne cherche pas. La maîtrise considère que ce n'est pas son travail. Non, ce n'est pas facile de faire travailler les gens ici. En fait, on fait du social. Il ne faut pas faire de vagues. C'est le seul vrai souci.

1. Simone Weil, *La Condition ouvrière*, Paris, Gallimard, 1951.

Avec un peu de recul, on peut reconstituer la construction – à nouveau systémique – de cette norme : un encadrement très fragilisé par l'absence de leviers de gestion des opérateurs (et cette tendance ne cesse de se renforcer), qui accepte l'existence de cette norme minimaliste de travail, que la collectivité a d'autant moins de difficultés à faire respecter que l'extrême segmentation de la structure permet à chacun de se protéger efficacement contre toute mise en cause de sa responsabilité.

Qu'on ne s'y trompe pas : le discours managérial « avale » et rationalise sans difficulté cette situation. On observe sans surprise une distance extrême, traduction de la distance physique, entre le discours des cadres supérieurs – vocabulaire dernier cri, notions à la mode – et la réalité des acteurs, y compris les « autres » cadres en fonction dans les ateliers. Là où les uns parlent volontiers d'« excellence industrielle », les autres ne voient qu'un fonctionnement à la limite du raisonnable. En somme, les différents acteurs ne vivent pas dans le même monde et n'ont pas les mêmes perceptions. Chacun d'entre eux se protège à sa manière, qui par une norme de travail dégradée, qui par une rhétorique sans rapport avec la réalité.

« Les chefs d'équipe n'ont pas le niveau pour écouter les gens », dit un opérateur. À quoi un autre ajoute : « Aujourd'hui on a multiplié les barreaux de l'échelle. En haut, ils ne sont au courant de rien. » Et un troisième de conclure : « De toute façon, entre la hiérarchie et l'ouvrier, il y a un mur qui se construit. Ce sont les chefs d'unité qui font le tampon. Ce sont eux qui sont les plus isolés. Au-dessus, ils sont sur du "y a qu'à, faut qu'on". »

Il est frappant de constater qu'au-delà d'une petite minorité qui tire avantage de la situation, personne ne semble en être heureux. Aucun des acteurs n'a exprimé un quelconque enthousiasme, non plus d'ailleurs qu'un quelconque cynisme. Simplement une grande résignation, beaucoup de passivité et surtout de la méfiance vis-à-vis des autres parties prenantes. Selon un modèle souvent observé, l'ensemble tourne dans une spirale sans fin du perdant-perdant : les cadres considèrent qu'ils ne peuvent rien faire, coincés qu'ils sont par une base rendue toute-puissante par le syndrome du « pas de vagues », et les opérateurs eux-mêmes ne comprennent pas que rien ne soit fait pour sortir de cette ornière. Nous sommes face à un système immature de non-confiance, qui ne satisfait personne et désespère les plus lucides.

Quand les ressources humaines compliquent les choses

Pour parachever l'analyse, observons que la logique de fonctionnement de la direction des ressources humaines (DRH) ainsi que les politiques qu'elle met en œuvre « consolident » ce système. C'est à ce point criant que le constat est fait – et dénoncé – par l'ensemble des acteurs, y compris une partie des organisations syndicales qui pourtant en tirent bénéfice. Car la gestion sociale a été peu à peu détachée des opérations (comme dans toutes les organisations bureaucratiques) pour devenir une activité à part entière, fonctionnant d'après sa propre logique, indépendamment des besoins de ceux qui gèrent la production… et qui subissent les effets concrets de décisions qui sont prises ailleurs. Pour le dire autrement, personne ne semble avoir une conscience claire du fait que la façon dont on évalue les gens, les promeut et les rémunère constitue l'un des principaux « leviers » de management. La notion de levier est même inexistante chez ceux qui décident de la politique « RH ».

Ainsi, on observe d'abord que rien n'est fait pour prendre en compte une population particulièrement âgée et qui cherche « *à en tirer le maximum avant la fin* », pour reprendre l'expression d'un des interviewés. Cette population, devenue au fil du temps passive et fataliste, est naturellement arc-boutée sur des avantages à court terme dont on a vu l'importance. On ne peut guère compter sur elle pour promouvoir un changement de logique. Mais surtout, les décisions, prises loin du travail des ateliers, obéissent à une logique « politique » (prévenir toute réaction du corps social), ou « morale » (chacun doit être traité de la même façon) aux antipodes des nécessités de la gestion. Ainsi cherche-t-on à « dépersonnaliser » toujours davantage ce qui touche à la gestion des individus, quelle que soit par ailleurs la contribution de chacun à la performance (ou à la sous-performance) de l'ensemble. Une pure logique administrative de la règle générale et impersonnelle l'emporte, mais, ce faisant, on va bien au-delà de ce que demande ou espère une partie au moins des organisations syndicales. Un syndicaliste chevronné me fait remarquer avec un brin d'humour :

> Le fonctionnement centralisé de notre DRH, avec les augmentations systématiques tous les trois ans, relève de l'ère stalinienne.

Et il est vrai que celle-ci fonctionne sur le mode de la *self-fulfilling-prophecy* (autoréalisation de ses propres craintes). Pour parer à toute éventualité, elle fait sienne la norme qu'elle tient pour acceptable par le corps social puisqu'il l'a lui-même définie, celle de l'indifférenciation, privant dès lors l'encadrement opérationnel de possibles moyens d'action. Comme nous l'avons dit, celui-ci s'est réfugié dans le « social individuel », le traitement des cas difficiles, seul domaine qui demeure son apanage et où quelques miettes peuvent encore être négociées. Les rôles se sont inversés : la DRH a adopté et renforcé la logique des syndicats qui n'en demandaient pas tant, renvoyant l'encadrement, dans le meilleur des cas, au « retrait apathique », et dans le pire à des comportements d'« accentuation » tels qu'ils ont pu être observés par ailleurs[1]. Les plus « motivés » en sont réduits à trouver des zones de négociation périphériques, comme l'affectation ou non au travail de nuit pour ceux des opérateurs qui ont le plus besoin d'argent. Un état de fait dont ils sont tout à fait conscients :

> Pour gérer les gens, il faut d'abord compter avec tout ce qu'il y a d'automatique et ça n'est pas mince.

> La DRH a des partenaires privilégiés. Ce sont les organisations syndicales qui leur donnent une autre vision de l'entreprise que la nôtre.

Et il n'est pas jusqu'aux opérateurs qui ne dénoncent ou du moins regrettent cette situation :

> Les gens qui ne font pas d'efforts sont tout aussi récompensés que les autres. Et en plus, on ne me demande jamais mon avis sur les gens qui travaillent avec moi. Je ne trouve pas ça normal du tout.

On se trouve alors face à l'une des caractéristiques les plus fortes de ces entreprises qui ont laissé « filer » le travail : elles envoient sans cesse des messages sur l'« excellence industrielle », les contraintes de la concurrence internationale…, lesquels sont perçus comme parfaitement contradictoires avec sa gestion humaine. En d'autres termes, tant que le système de gestion des ressources humaines, en particulier, et le management, en général, demeurent incohérents par rapport aux ambitions affichées, le climat reste délétère, pour le plus grand profit de ceux qui sou-

1. Claude Durand et Alain Touraine, « Le rôle compensateur des agents de maîtrise », *Sociologie du travail*, n° 2, avril-juin 1970.

haitent en tirer parti. À un système jugé inadapté – c'est un euphémisme –, ils répondront au jour le jour par des comportements déviants ou au mieux de protection. Les sociologues des années 1970 effectuaient en leur temps des constats comparables. Preuve qu'en matière de fonctionnement réel des organisations, le monde change sans doute moins vite que nous ne le pensons, dès lors que l'on sort des appréciations superficielles et que l'on s'attache à percevoir la réalité. Pour le confirmer, restons dans cette entreprise et observons les organisations syndicales.

La peur du social

Un schéma classique des organisations dites « bureaucratiques » consiste à voir les organisations syndicales vivre et prospérer sur cette « peur du social ». Il ne s'agit pas là d'une cause de la dérive décrite mais d'une conséquence. De ce fait, les organisations développent deux stratégies : soit elles se « radicalisent » – surtout en période de crise aiguë comme en connaît le pays concerné – et mettent en avant des enjeux plus généraux que ceux qui concernent l'entreprise *stricto sensu* ; soit elles cherchent des thèmes de revendication, sur les salaires par exemple, qui apparaissent pour le moins déconnectés des pratiques de cette partie de l'Europe. Mais cette forme de perte de contact avec la réalité n'est pas l'apanage des organisations syndicales. Elle est liée à l'anomie d'un système qui a renoncé à produire et à défendre des normes de comportement au travail. Elle est aussi le résultat de la « tenaille » constituée par l'apathie générale, renforcée par la centralisation et la bureaucratisation du « cœur » de la gestion RH. Dans ce contexte, une partie des salariés et les organisations syndicales minoritaires ne se sentent pas spécialement à l'aise dans cet environnement : une attente diffuse d'« autre chose » transpire, qui se heurte à l'absence d'un projet crédible. On a pu observer, sans jouer les Cassandre, que la sortie de ce type de blocage s'effectuait généralement par une crise, avec des coûts humains et financiers élevés. En même temps, ce n'est pas le moindre des paradoxes de constater que, dans le cas qui nous occupe, il n'existe aucun sentiment d'urgence « économique », y compris chez l'encadrement supérieur. En revanche, le malaise que provoque la vie de tous les jours dans un climat aussi délétère est, lui, bien réel.

Je suis retourné un an plus tard dans cette entreprise. Les dirigeants étaient impatients de savoir si les opérations de « reconquête » qu'ils avaient lancées en s'inspirant de techniques managériales importées des États-Unis avaient produit des effets. Le bilan les a déçus : nous avons retrouvé les mêmes caractéristiques, parfois même accentuées. Ce n'est pas que les efforts soient vains, mais on ne peut sérieusement espérer bouleverser un univers aussi complexe et rigidifié sur une période de temps aussi courte, sauf, comme nous allons le voir, à accepter de vivre une crise majeure.

*

Une grosse entreprise d'ameublement possède un établissement important dans le nord de la France[1]. Un conflit s'y est déroulé durant près de deux semaines qui a surpris et marqué les esprits. Il a surpris car, de l'aveu de tous, « personne ne l'avait vu venir », ni les dirigeants, ni le management local… ni les grévistes eux-mêmes, y compris ceux qui se sont révélés les plus déterminés. L'idée qu'un syndicat aurait tout prévu, tout

1. Ce travail a été effectué en 2007.

contrôlé, tout organisé, ne résiste pas à l'analyse. Nous y reviendrons. La surprise explique sans doute le tour pris par le conflit, son aspect chaotique, l'attente interminable entre son déclenchement et la première formulation de revendications explicites mais par ailleurs irréalistes, ainsi que la frustration qui a marqué son achèvement.

Logique de groupe, logique locale

Cette non-anticipation du conflit est étonnante, car l'ensemble des acteurs donne à peu près la même interprétation des origines de cette – forte – poussée de fièvre. Plus surprenant encore : rien ne distingue vraiment le discours des grévistes et celui des non-grévistes quant aux causes de la grève. Ce qui les a conduits à des comportements opposés, c'est plus sûrement leur situation financière personnelle – leur plus ou moins grande capacité à voir leur treizième mois amputé d'une somme indéterminée – qu'une divergence sur l'appréciation de la situation.

Et cette grève a été longue, dure aussi, sans doute en raison de l'absence, sur ce site, de « culture du conflit ». Mais comment comprendre que le vote final, celui qui après deux semaines a mis fin au conflit, ait vu deux tiers des personnels se prononcer pour la poursuite du mouvement[1], comme s'ils savaient qu'ils n'auraient pas deux fois l'occasion d'exprimer leur ressentiment et leurs inquiétudes ? Et aujourd'hui encore, c'est une « quasi-haine » qui subsiste entre grévistes et non-grévistes, et a bien du mal à s'estomper. Il faut entrer dans la vie quotidienne de cet

1. Ce sont en effet les syndicats qui, au-delà du vote des grévistes, ont décidé de mettre fin au conflit.

établissement pour comprendre comment cette crise inattendue a pu survenir à la suite, en fait, d'une brusque tentative de la direction de reprendre en main une situation dont personne n'avait perçu qu'elle ne pouvait durer.

Deux logiques s'opposent dans cette entreprise et elles se cristallisent sur ce site « historique », celui du père fondateur. La première est celle de l'entreprise dans son ensemble, qui est devenue un « groupe » agissant dans le cadre national et, sur quelques produits spécialisés, de plus en plus dans le cadre international. On est ici dans le monde de la « globalisation ».

La logique locale est bien différente. Elle est héritière d'un paternalisme provincial du début du XXe siècle fréquent dans cette région, qui s'est toujours traduit par l'alliance explicite entre, d'une part, un créateur d'entreprise qui a connu le succès et en a largement partagé les fruits avec ses employés et, d'autre part, ce même personnel. Un vieux syndicaliste, pourtant très engagé dans le mouvement social, n'a pas hésité à déclarer en parlant du fondateur qu'il a bien connu : « S'il n'y avait que des patrons comme ça, il n'y aurait pas besoin de syndicats. » Ce « système ancien » s'est trouvé brutalement – sauvagement, disent les acteurs – remis en cause par le nouveau management, qui a repris les rênes après la très classique « crise de gouvernance » qui a suivi la disparition du pionnier, pleuré par tous évidemment.

L'analyse montre que trois « régulations » caractérisaient ce système et lui assuraient une grande stabilité à défaut de l'efficience économique : une régulation distributrice, une régulation managériale et une régulation sociale. Elles ont aujourd'hui disparu, sous les coups de boutoir d'un management « professionnel », sans avoir été remplacées par d'autres mécanismes intégrateurs, ce qui a, on s'en doute, provoqué la crise.

Une régulation par l'abondance des moyens, qu'ils soient humains ou financiers, était donc à l'œuvre. Les acteurs qui disent avoir fait grève pour des raisons de rémunération reconnaissent eux-mêmes sans difficulté qu'« on est bien traité dans cette entreprise ». Inutile d'insister sur le fait qu'en matière de moyens humains, ce système n'a jamais fonctionné « au plus juste », pas plus hier qu'aujourd'hui, et que nous n'étions sans doute pas loin des pratiques de « sous-travail » déjà observées par ailleurs. À cela près que ces pratiques s'étaient établies ici par « consentement mutuel » autorisant l'encadrement de proximité à gérer, de façon despotique en apparence mais très bienveillante en réalité, les problèmes humains. Démarche utile quand les relations personnelles, familiales et professionnelles sont étroitement mêlées.

La régulation managériale, quant à elle, s'effectuait par les « circuits de réclamation » qui apportaient justice et équité, conditions *sine qua non* de l'harmonie dans un univers où tout le monde se connaît. Au sein de l'ancien système, l'ensemble formé par les délégués du personnel, les cadres, la direction des ressources humaines et l'un ou l'autre membre de la famille fondatrice donnait à chacun le sentiment d'avoir en permanence un recours. À quoi s'est substitué un management jugé d'autant plus « dur » qu'il ne permet plus de recourir à une autorité supérieure, alimentant ainsi un véritable sentiment d'abandon. Cela peut paraître anecdotique mais tout le monde a remarqué que plus aucun membre de l'encadrement supérieur ne résidait sur ce site historique. D'ailleurs, interrogé sur le conflit, l'encadrement commence invariablement sa réponse par « j'ai entendu dire... ». Sans doute une nouvelle forme de management, le management par « ouï-dire ».

La régulation sociale, enfin, était sans doute le nerf de la guerre. Souplesse et arrangements, mais aussi et surtout abondance des moyens permettaient de gérer les microconflits humains inhérents à ce type d'univers. C'est là un aspect crucial : pratiquer au jour le jour les ajustements humains qui rendent possible la vie collective est une tâche subtile qui nécessite une connaissance fine de la population concernée, un long apprentissage et, redisons-le, les moyens financiers et humains qui autorisent la souplesse dans l'allocation des ressources au bon endroit. Les nouveaux dirigeants essayèrent de constituer de nouvelles équipes de travail sur la base de la « cooptation ». Séduisante idée d'un point de vue intellectuel… mais catastrophique d'un point de vue pratique ! Non seulement elle généra des exclus – pudiquement reversés dans une « équipe support » –, mais surtout elle détruisit les mécanismes traditionnels d'ajustement au jour le jour. Elle donna des responsabilités quasi hiérarchiques à des opérateurs qui justement ne cohabitaient avec d'autres que parce que cette relation était médiatisée par un tiers, le cadre de proximité en l'occurrence. Dans un langage trivial, cette réorganisation « mit la pagaille » dans le système humain existant, fragilisa les subtils équilibres bâtis avec le temps et, ce faisant, les acteurs eux-mêmes. C'est cette remise en cause assez brutale des régulations traditionnelles qui créa au moment de la grève les alliances « contre-nature » que nous allons décrire. Elle fut vécue au plan local, pour reprendre l'expression d'un cadre, comme la mise en œuvre par la direction d'une « logique de viol ». Notons que le terme est aussi violent que ceux utilisés dans les cas précédents, même si, en apparence, cet univers est plus policé.

À cela s'ajoute, comme nous l'avons vu, le fait que le management supérieur devint géographiquement lointain, ce qui généra d'autant plus d'inquiétudes que le père fondateur habitait sur place. On comprend dès lors le sentiment qui commença à se faire jour : les affaires ne vont pas bien (il est vrai que ce secteur de l'ameublement est particulièrement exposé à la « crise ») et le site est abandonné à lui-même par un management absent, par ailleurs plus soucieux de ses querelles internes que de la gestion des vrais problèmes. Ce constat n'est pas de moindre importance et n'est pas sans rappeler la situation d'Air France lors de son « explosion », fin 1993. Dans les deux cas il n'y a pas, à quelques exceptions près, d'opposition majeure à voir l'entreprise faire son entrée dans le monde tel qu'il est. En revanche, une réelle inquiétude s'exprime quant à la capacité de ce management qui a « disparu », peu au fait des réalités et pratiques locales, de mener à bien cette transformation dans des conditions acceptables. C'est ce qu'observe un jeune opérateur :

> Les anciens ne comprennent pas que le monde a changé. Il y a eu une période faste et riche avec un partage plus équitable des résultats. C'est difficile pour eux. Moi je peux comprendre. Mais il faut des retombées pour tout le monde. Et là, on peut faire bien mieux qu'ils ne font aujourd'hui.

Dans un tel contexte, comme c'est d'ailleurs souvent le cas, des éléments conjoncturels sont venus cristalliser les peurs et ont permis aux alliances « contre-nature » d'apparaître : ainsi, la baisse des rémunérations globales (*via* la suppression de primes et de l'intéressement) au cours des deux ans qui ont précédé le conflit a donné à des personnels aux intérêts divergents l'occasion de « faire grève ensemble ». Les plus anciens, qui n'ont pas grand-chose à perdre à long terme mais beaucoup à court terme, se sont radicalisés. Ils ont trouvé là une occasion d'exprimer leur frustration après un plan de départ anticipé avorté. Selon leurs mots, ils ont fait grève « pour les jeunes », pour que ceux-ci ne voient pas leur emploi menacé et perçoivent des rémunérations décentes.

Ces derniers ont compris que les beaux jours étaient derrière eux. Mais ils ont tiré de la façon dont cette transformation était gérée un formidable sentiment d'injustice : l'explication selon laquelle il faut avant tout rassurer le – nouvel – actionnaire les atteint de plein fouet, tant ils ont le sentiment que ce sont eux qui devraient l'être en priorité. Surtout quand, depuis Paris, on explique qu'avoir une prime est un « privilège »...

De même, cette gestion maladroite des questions de rémunération a rapproché deux mondes qui jusque-là ne se connaissaient pas et donc se méfiaient l'un de l'autre et se jalousaient sur la base de « on-dit ». Les « fabricants » et les « logisticiens » (les deux activités principales du site) se sont retrouvés dans les mêmes craintes et les questions financières ont mis le feu aux poudres en permettant de donner un contenu concret à des angoisses profondes qui restaient diffuses.

De la nécessité d'anticiper les effets du changement

C'est la raison pour laquelle la grève fut soudaine et spontanée. « On est sortis et on n'est pas rentrés », dit un opérateur. Elle ne fut pas maîtrisée : chaque jour était vécu comme une nouvelle aventure qui permettait de découvrir ou de redécouvrir des « solidarités perdues », la chaleur humaine de la grève rappelant l'univers protecteur d'autrefois. Mais elle s'est effilochée aussi, car la divergence des intérêts des acteurs s'est imposée. Certaines catégories, la maîtrise par exemple, commencèrent à ressentir un véritable malaise. D'autres ont compris qu'ils étaient entraînés dans un conflit qu'ils pensaient ne pas être le leur, lorsque les plus radicaux (qui étaient aussi les mieux formés) se sont mis à évoquer une lutte plus générale contre la société capitaliste. Telle est la difficulté de remettre en cause des univers de travail « confortables ». Et cette difficulté est d'autant plus grande que les « avantages acquis » sont importants et que les acteurs qui en bénéficient sont déconnectés d'une réalité du « monde » qu'ils ne voient pas (ou ne veulent pas voir) changer.

L'endogamie du recrutement qui caractérise ces entreprises (on y travaille de père en fils) en renforce le caractère « hermétique » et les « discours du bon sens » de dirigeants formatés par un raisonnement abstrait fondé sur la nécessité n'y ont guère prise. Car le discours du bon sens n'est pas forcément un discours qui a du sens.

Se contenter d'expliquer aux salariés que les changements sont dus à l'évolution des marchés ou à la pression des clients ne suffit pas. Le marché comme les clients sont des facteurs exogènes. Lorsque ceux-ci impactent l'organisation et son fonctionnement, compréhension intellectuelle et appréhension pratique des résultats des actions mises en œuvre se dissocient. Même si les sondages montrent que « dans leur majorité, les salariés comprennent que… », ces mêmes salariés réagissent en fonction des conséquences concrètes des changements sur leur vie quotidienne. On voit là combien les questions d'« adhésion » ou même du « sens » sont posées de façon trop abstraites dans les entreprises : un acteur peut adhérer à une nécessité et en rejeter les conséquences. Considérer qu'il s'agit là d'une attitude contradictoire relève de la logique formelle, pas d'une appréhension fine de la réalité humaine.

C'est d'ailleurs pourquoi les politiques de « communication » atteignent vite leurs limites. Expliquer les nécessités est certes indispensable mais n'est vraiment pas suffisant. La vraie question, celle qui est « concrète », est celle de l'anticipation : anticiper d'abord les effets réels des changements sur la vie quotidienne des acteurs, leur façon de travailler (ou de ne pas travailler !), de résoudre leurs problèmes, de gérer leurs arrangements ; anticiper ensuite, à partir de là, la façon probable dont ils sont susceptibles de faire face aux contraintes qu'on veut leur imposer au nom des nécessités du marché. La question n'est alors plus celle de convaincre les uns et les autres d'accepter bon gré mal gré ce qui va se passer ; elle est de redéfinir avec les salariés un « nouveau deal », très différent des formes traditionnelles de protection du travail, mais qui rend les transformations effectuées acceptables par tous. Cette nécessité de redéfinir un jeu gagnant-gagnant entre l'entreprise en transformation et ses salariés ouvre un champ d'investigation fructueux.

CHAPITRE II

Les effets pervers de l'organisation en silos

Critiquer le travail en silos, en « tuyaux d'orgues », est tout aussi banal que constater à quel point ce mode d'organisation perdure, voire se répand. Et cela pour une raison simple qui sera développée ici : ce mode de fonctionnement fut initialement la réponse à une volonté d'« organisation scientifique du travail » (Taylor, Fayol) qui permettait de définir des tâches claires, accomplies de façon planifiée par des individus interchangeables. Comme je l'ai suggéré au chapitre précédent, la dépendance vis-à-vis de l'aléa humain s'en trouve réduite au minimum et la déviance n'est ni acceptable ni acceptée, car elle exprime un désaccord avec la « science » relevant soit d'une perversion morale soit de troubles psychologiques. C'est ainsi que furent posées les bases de la production de masse.

Parallèlement à la critique scientifique du taylorisme, qui discute – entre autres – les postulats qu'il véhicule sur ce que cherchent les hommes au travail, une critique « humaniste » a vu le jour. Le travail verticalisé priverait l'opérateur d'une vision d'ensemble, donc de la possibilité de percevoir le « tout » dont il ne fabrique qu'une partie. Cette logique de parcellisation et de dépossession le rendrait d'autant plus difficile à « motiver », à en faire un acteur actif et concerné. D'où la mise en place, dans les années 1970, de « groupes autonomes » et de toutes formes de travail permettant de sortir le travailleur de son statut de

« machine humaine » en lui donnant la possibilité de s'approprier enfin les résultats « reconstitués » de son action.

Je n'hésite pas à dire que cette critique était intellectuelle et extérieure au travail lui-même. Car s'il est bien une chose qui saute aux yeux en ce début de siècle, c'est la vertu hautement protectrice de l'organisation en silos. Pour le comprendre, il faut abandonner la notion de « silo » et appréhender celle de « travail segmenté et séquentiel ». Elle indique que non seulement les tâches à accomplir et leur segmentation constituent le principe fondateur de l'organisation du travail, mais encore que ces tâches doivent être effectuées les unes après les autres et que l'accomplissement de la seconde suppose que la première soit achevée. Dans l'industrie automobile des années 1980, le bureau d'études se voyait confier la « conception » du produit, donc sa définition ; les méthodes, l'industrialisation du produit, donc le process. Bien entendu, on ne pouvait envisager de définir le process avant de connaître le produit, d'où la nécessaire et incontestable succession des tâches et leur « séquencement ».

Les protections offertes par le travail segmenté et séquentiel

Ce qui apparut pourtant, avec l'ouverture des marchés (contrainte exogène) qui laissait les clients maîtres du choix, c'est que ce mode d'organisation présentait un double inconvénient : une faible qualité pour un coût élevé (« le surcoût du service pauvre », a-t-on évoqué pour qualifier la prestation de l'administration publique, dernier bastion du taylorisme pur et dur). Dans le secteur automobile, la faible qualité s'est révélée au travers des modifications, les « modifs », qui produisirent les dérives des coûts. Ce qui nous ramène à la notion d'« externalisation » : ces dérives ont longtemps été mises à la charge des clients qui n'avaient pas d'alternative. Perversion ? Non ! Utilisation stratégique de la vertu hautement protectrice de la forme segmentée et séquentielle du travail, tant que les conditions de l'environnement économique le permettent. En somme, nous découvrons que le taylorisme n'est pas une mutilation, il est une protection.

Cette notion de « protection » du travail a déjà fait l'objet de nombreuses discussions. On peut en rappeler quelques traits de la façon suivante : le travail doit d'abord protéger face aux aléas de la vie, ce qui a entraîné la mise en place des contrats à durée indéterminée et celle des « statuts » qui, dans des pays comme la France ou le Japon, ont rendu possible l'emploi à vie. Dès lors que les marchés de l'emploi se détériorent de façon durable, cet élément constitutif de la relation entreprise-salarié devient primordial pour celui-ci, quand l'entreprise y voit un frein à une nécessaire flexibilité.

La forme segmentée et séquentielle du travail protège différemment les membres de l'organisation. Aucun d'entre eux, tout d'abord, n'est comptable du résultat final auprès du client qui se trouve « ballotté » entre les différentes parties, chacune l'assurant que l'erreur vient d'ailleurs et ne lui laissant aucune chance de débrouiller l'écheveau auquel il est confronté. Nous avons tous eu à subir le parcours énigmatique du « dossier » qui se promène de main en main, de service en service, sans qu'il nous soit possible d'identifier qui fait quoi et donc qui est « comptable » de ce que nous avons finalement obtenu et des conditions dans lesquelles nous l'avons obtenu. Ce n'est pas rien ! Car il faut beaucoup de naïveté – ou d'aveuglement – pour ne pas réaliser que plus les marchés comptent de compétiteurs et plus le client qui voit se multiplier ses capacités de choix devient un « problème » tant il peut exercer une pression forte sur son fournisseur. C'est donc bien d'une protection vis-à-vis du client dont nous sommes en train de parler. Le client : celui qui, dans la rhétorique managériale, doit remonter au « cœur de l'organisation », mais que, plus prosaïquement, les membres de celle-ci cherchent à maintenir aux marges. En effet, face au « toujours plus pour toujours moins » qui définit l'exigence du client à choix multiples, chacun comprend que la variable d'ajustement qui permettra de résoudre cette apparente contradiction est l'organisation du travail, en clair, l'abandon du couple segmenté-séquentiel, au profit d'un attelage simultané-coopératif. Les capacités d'externalisation seront alors de plus en plus réduites et l'univers du travail deviendra *de facto* beaucoup plus « confrontationnel ». J'aurai l'occasion d'y revenir.

Ce n'est pas tout. À ce stade, nous n'avons pas encore touché à l'essentiel. Car cette forme de travail offre une autre protection qui se révèle à l'expérience la plus précieuse, notamment pour les cadres. Protégés par les cloisons bien étanches de leurs silos et par la mécanique de succession des tâches, ils n'ont pas à « coopérer » avec les autres, leurs collègues, les services voisins. Cette notion de coopération est intéressante car elle véhicule, dans notre univers mental, une connotation très positive : celui qui coopère, c'est celui qui est ouvert aux autres, qui n'a rien à cacher et qui accepte bien volontiers de se « découvrir » au bénéfice du résultat obtenu, ici pour le client, mais plus globalement pour l'intérêt général. Eh bien, non ! On se heurte ici à nouveau à la dimension quasi idéologique du langage de l'entreprise, produit aussi bien par les *business schools* que par les grands cabinets de conseil qui, jour après jour, se donnent pour mission de reformuler en termes acceptables les nouvelles contraintes que les organisations, elles-mêmes sous pression, imposent à leurs membres.

La coopération n'est pas un comportement naturel ou spontané, du moins dans les situations quotidiennes de travail. Pour les acteurs concernés, elle remplace l'autonomie par la dépendance, la neutralité de la relation par la confrontation. C'est bien ce que les univers administratifs, pour ne citer qu'eux, ont cherché à éviter à tout prix, et cela permet de comprendre leur farouche résistance à l'idée de passer à un autre mode de travail qui soudain les « déprotégerait », face aux usagers devenus des clients, face à leurs pairs devenus des collègues, les amenant ainsi à se confronter à ce que Jean-Paul Sartre appela l'« enfer », c'est-à-dire les autres.

Même si les possibilités d'y échapper y furent bien moindres, la tentation a toujours été similaire dans le secteur marchand. C'est parce que la coopération n'est pas un comportement naturel qu'il a fallu la créer, l'imposer, et le choix effectué par les entreprises pour ce faire – la mise en place de « processus » toujours plus nombreux et compliqués – a fini par constituer un remède pire que le mal[1].

Le cas de cette compagnie d'assurances très spécialisée dans des produits à haute valeur ajoutée va en fournir une première illustration[2]. Nous porterons notre attention sur un service particulier, celui qui évalue les risques que les commerciaux peuvent être amenés à prendre. C'est une tâche complexe, car les bénéfices que tire l'entreprise de ces produits très particuliers pourraient conduire à fermer les yeux sur des opérations se révélant par la suite hasardeuses, même si les normes définissant ce qui peut être fait et ce qui ne peut pas l'être sont strictes et connues de tous. Un engagement à les respecter est d'ailleurs signé par chacun des membres et c'est pour cela que le service porte le nom de direction de la « compliance », franglais managérial oblige.

1. Voir le chapitre v.
2. Ce travail a été réalisé en 2007.

À première vue, cette Direction – nous l'appellerons ainsi dorénavant – est une organisation sans problème particulier. Dans leur grande majorité, les personnes interviewées n'ont pas exprimé de préoccupation importante, donnant même parfois le sentiment d'un univers atone, dans lequel chacun fait son travail de façon routinière, dans une atmosphère où la passion a peu de place. Mieux même : les jeunes – et ils sont nombreux – expriment une grande satisfaction d'être là. Ils soulignent que la Direction est un endroit favorable à l'apprentissage, que le passage par cette partie de la compagnie est un excellent marchepied pour la suite de la carrière et d'ailleurs nombreux sont ceux qui envisagent de poursuivre la leur dans cette Direction.

L'univers peu lisible des mondes clos

Dans le même temps, dès que l'on creuse un peu, c'est aussi l'image d'un monde très « technique » et peu lisible qui fait surface. Bien entendu, toute naïveté doit être exclue : l'assurance spécialisée est *par nature* complexe, moins dans son organisation que par la matière qu'elle traite. Cela explique pourquoi il n'est pas possible de « tout connaître » et donc pourquoi ce que font « les autres », les autres départements en l'occurrence, apparaît parfois lointain, pour ne pas dire obscur. Mais surtout, ce qui saute aux yeux, c'est que la Direction évolue, toujours *par nature*, dans un environnement qui ne lui est pas favorable. Le modèle dominant de la compagnie, c'est celui du « commercial », un technicien hautement spécialisé, celui qui est sur le marché, et qui peut donc, en fonction des risques qu'il accepte de prendre, rapporter beaucoup à la collectivité (et à lui aussi !). Dès lors, rien que de très banal : la Direction devient l'« empêcheur de tourner en rond». Être à la Direction, c'est être dépendant de ceux qui sont face aux clients, de ceux qui font rentrer l'argent et donc augmentent la part de rémunération variable. On comprend pourquoi le travail de la Direction nécessite beaucoup de diplomatie pour réussir, faute de quoi un bras de fer engagé de façon un peu hasardeuse peut rapidement tourner en défaveur de celui qui s'y est risqué. Les acteurs décrivent très bien cette situation :

> Normalement, c'est obligatoire de nous consulter avant d'entreprendre ce type d'opération. Mais très souvent, ils ne le font pas, surtout ceux qui viennent d'ailleurs [d'une autre compagnie].

> Lorsqu'il y a un conflit avec un commercial, la règle d'or est de ne jamais envenimer le problème. Sinon, le commercial fait remonter le problème à sa hiérarchie au lieu de répondre à ma question. On me dira alors que je ne suis pas proactif, que je suis un frein au *business*. Non, je préfère atténuer les choses. Il faut poser la question au commercial en allant dans le sens du poil. C'est comme ça…

On le voit, c'est un métier dans lequel ceux que l'on est chargé de « contrôler » peuvent relativement facilement « tourner les règles ». On subit donc des pressions fortes et la relation de pouvoir avec les commerciaux accuse un net déséquilibre en faveur de ces derniers. En d'autres termes, il y a dans ce monde de l'assurance spécialisée une « hiérarchie implicite » qui n'est pas favorable à la Direction, tant s'en faut. Cela explique qu'elle n'a jamais été prioritaire en matière d'investissement informatique, ce qui ne fait que renforcer ses difficultés face à ses interlocuteurs. Les salariés s'en plaignent amèrement et en font la principale cause de leurs difficultés.

Et pourtant, il apparaît à l'analyse que pour réelle que soit cette faiblesse, le vrai problème de la Direction est ailleurs :

une telle situation de dépendance *devrait* impliquer une grande solidarité au sein de l'organisation qui la subit. Elle *devrait* générer homogénéité et coopération en son sein, afin de n'offrir aucune marge de jeu aux interlocuteurs extérieurs. Or c'est l'inverse qui se produit. En l'état actuel des choses, la Direction est une organisation fragmentée, opaque, y compris pour ses propres membres, dans laquelle l'information circule difficilement. Pour reprendre une image sociologique, c'est un fonctionnement en « nid d'abeilles », segmenté, cloisonné, dans lequel les uns ignorent ce que font les autres et refont d'ailleurs parfois ce que les autres ont déjà fait. Essayons d'approfondir ce constat.

« Qui est responsable de quoi ? », s'interrogea un membre de la Direction lorsque je lui demandai d'en faire la description. Et le fait est : la Direction est caractérisée par un extrême cloisonnement. Non seulement on ne se connaît pas, mais on ignore ce que font les autres. Il est un signe qui ne trompe pas : pour les acteurs interrogés, l'univers d'appartenance comme l'univers de référence sont bien leur unité au sein de la Direction et non la Direction elle-même. Cette méconnaissance mutuelle fut abondamment décrite par les acteurs même si, au final, ils finissaient par n'en plus percevoir clairement les conséquences :

> Peut-être que l'unité X marche mieux que la mienne. Je n'en sais rien. Je ne les connais pas. En plus, il y a un secrétariat général qui a des fonctions que je ne comprends pas très bien. Et puis, dans cette organisation on jargonne de façon incompréhensible et de façon tacite tout le monde fait semblant de comprendre.

> Autant au niveau de mon unité il y a pas mal de communication, autant au niveau de la Direction je ne connais pas toutes les activités. En fait, mon activité ne se tourne pas vers les autres activités de la Direction. Je ne travaille pas avec les autres unités.

> Quelqu'un qui travaille dans mon unité, il ne se sent pas membre de la Direction. En fait, mon unité est un État dans l'État : on ne sait pas ce que font les autres. C'est peut-être un problème car il y aurait des liens importants avec ce que font les autres. On pourrait être alertés. À la réflexion, il n'y a pas de doute que c'est une faiblesse.

On se trouve bien face à des « mondes clos », même si ces segmentations reproduisent fidèlement les « métiers » de la compagnie. Ce n'est donc pas la structure qui fait problème, mais le mode de fonctionnement, l'organisation au sens concret du terme. L'absence de coopération, l'ignorance mutuelle ne permettent aucune capitalisation des informations et des savoirs. De ce fait, les acteurs ne peuvent tirer aucun avantage de ce qu'ils recouvrent toutes les activités de la compagnie, face à des interlocuteurs focalisés sur leur « business », dans une logique de performance à court terme. C'est ce qu'illustre cet extrait d'interview :

> Le point faible de la Direction, c'est l'absence de communication. On a un problème de point d'entrée. En fait, il y en a trop. Sur un sujet donné, il faut parler à dix personnes. C'est beaucoup et ça devrait être réduit. Mais ça vient du fait que sur beaucoup de projets, il n'y a pas d'interlocuteur identifié.

Arrêtons-nous sur les conséquences d'un tel mode de fonctionnement. Bien entendu, nous l'avons vu, le cloisonnement présente de nombreux avantages pour les membres de l'organisation. Il est protecteur, dans la mesure où il permet de vivre « dans son coin », en développant sa propre logique « unidimensionnelle », sans avoir à la confronter à celle des autres. En outre, en cas de problème majeur, personne n'est directement responsable. Pour ceux qui le souhaitent – ou pour ceux qui ont renoncé – il permet de se « planquer », car comme l'a noté un des interviewés : « Dans la compagnie, 80 % des gens n'ont pas d'obligation de résultat. On se satisfait très facilement de ce qui est moyen. »

Mais au-delà de cet aspect récurrent de la vie des organisations qui met en évidence leur fonction de protection, on peut observer qu'une véritable « bureaucratie administrative » se met en place et se substitue à un « management dynamique » omniprésent dans le discours de la compagnie sur elle-même. Ainsi, les procédures budgétaires (l'allocation des ressources) sont découplées des besoins réels, sans qu'il soit possible d'adapter les moyens à l'augmentation des tâches qui touche pourtant les unités de façon différenciée. On recommence sans cesse les mêmes gestes et sortir du moule demande obstination et courage pour un succès bien aléatoire. Un « ancien » de la Direction s'en fait ainsi l'écho :

> Des fois, les portes sont cadenassées. Il y a un côté très routinier. Il ne faut surtout pas se décourager. Il faut recommencer car de toute façon, ici, les gens n'apprennent pas des erreurs du passé.

Qui plus est, le cloisonnement est à la fois horizontal (on vient de le voir) et vertical en raison du nombre impressionnant de strates hiérarchiques. Cet « empilage hiérarchique » réduit la lisibilité de la Direction, autant pour ses membres que pour ses interlocuteurs. En outre, il rend aléatoire un contrôle effectif de l'évaluation du risque et des conditions dans lesquelles cette évaluation est réalisée. Un interlocuteur a décrit avec beaucoup de justesse cette situation :

> Il y a beaucoup trop de strates hiérarchiques : un dossier est vu par un analyste, puis revu, puis revu encore… Cela crée une

frustration pour ces analystes. Le résultat c'est que, vis-à-vis des commerciaux, on cumule lenteur et faible qualité.

Plus grave encore : dans la mesure où le fonctionnement « spontané » de cette organisation ne lui permet pas de faire face aux demandes de ses « clients » – même s'il s'agit de clients internes –, ce sont les réseaux de toute nature qui pallient cette déficience. Cela donne aux acteurs le sentiment, maintes fois exprimé dans les entretiens, d'un univers extrêmement « politique » et donc très peu égalitaire quant aux chances données aux uns et aux autres de s'y mouvoir efficacement. C'est le syndrome de la « société inégalitaire » qui domine et est d'autant plus mal accepté que, dans ce pays, les réseaux les plus solides sont liés à l'école d'origine. Ils génèrent donc un handicap initial que toute une carrière ne suffira parfois pas à combler et sont évidemment très mal vécus par ceux qui en sont exclus. On a ainsi une situation inverse de celle du monde anglo-saxon, dans lequel les réseaux se constituent au fil de la vie de travail et sont ouverts, valorisés et encouragés.

En voici quelques illustrations :

> Ici, toute la souplesse est donnée par les relations que vous pouvez avoir. Moi, ça va, j'ai fait la bonne école et comme je suis là depuis cinq ou six ans, je m'y retrouve dans cette organisation confuse.
>
> Aucune question : ici, si vous voulez réussir, il faut être dans les bons réseaux. C'est comme ça. Si vous n'y êtes pas, vous n'avez aucune chance.
>
> Dans cette Direction, c'est une somme de jeux politiques et humains. Il faudrait par exemple une mobilité tous les trois ans qui casse les baronnies, qui casse les complaisances et les

copinages et qui apporte du sang neuf. Et il y a zéro mobilité. C'est uniquement par la cooptation et les réseaux que ça se passe.

On ne sera donc pas surpris de constater que cette organisation génère une faible productivité du travail, vu le temps nécessaire pour trouver les informations pertinentes, dont la collecte dépend avant tout de la bonne volonté des uns et des autres. Certes, chacun constate que le travail se fait, un peu à la façon des cheminots français qui, parlant des trains dans leur organisation si erratique, s'émerveillent : « Et pourtant ils roulent ! » Mais il se fait dans de piètres conditions de temps et de qualité. Or c'est précisément ce que reprochent à la Direction ses interlocuteurs, qui ne se privent pas d'« appuyer là où ça fait mal »

Résumons : nous avons constaté, en début d'analyse, que les acteurs de cette organisation sont, bon an mal an, heureux. Ce bonheur tient avant tout à la protection offerte par la forme segmentée et séquentielle du travail qui caractérise la Direction. Mais il s'obtient au prix de toutes les dérives évoquées. Le choix – car c'en est un – a été de privilégier la logique interne (endogénéité) au détriment de celle de la mission à accomplir (exogénéité), sur un mode qui n'est pas sans évoquer celui des administrations publiques. On a à nouveau « laissé filer le travail ».

Les silos ou le paradis des experts

En examinant ce cas, nous allons constater que « laisser filer » le travail par l'émergence d'une organisation en silos protectrice n'est pas nécessairement un acte de démission face à la pression des salariés, comme on l'a vu dans le chapitre précédent. Ce peut être aussi une réponse à une situation dans laquelle le poids de la « technique » est tel qu'il domine toute autre préoccupation. C'est un cas fréquent que connaissent bien les cabinets de conseil par exemple, mais aussi toute entreprise dans laquelle les experts – que l'on appelle parfois les « professionnels », un peu comme si ceux qui n'en sont pas étaient des « amateurs » – s'emparent de la gestion, au nom de la prééminence de cette expertise. Autrement dit, le cadre expert devient cadre gestionnaire, alors que chacun comprend qu'être bon dans son domaine d'excellence ne confère *a priori* aucune compétence particulière en matière de management.

C'est pourtant ce qui se passe dans la Direction : le métier même de l'assurance spécialisée est toujours plus technique. Les progrès du calcul mathématique, appuyé sur les performances toujours plus sophistiquées de l'informatique, permettent de bâtir des produits toujours plus complexes (à l'image de ce que font les fameux « traders »). En face, les modèles qu'il faut faire « tourner » suivent la même courbe d'accroissement de la complexité. C'est là-dessus que les responsables concentrent leur attention et leurs efforts, d'autant que la compagnie est engagée dans une phase de croissance qui laisse peu de temps pour le reste, notamment pour la gestion quotidienne de l'organisation et pour la réflexion sur son adaptation à sa mission.

En outre, la primauté accordée aux aspects techniques du métier sur la recherche du bon fonctionnement de l'organisation est accentuée par la logique générale de la compagnie, naturellement tournée vers la performance à court terme. Le « reporting » est ainsi devenu l'activité cruciale, celle qui est réclamée par le management de la compagnie et qui donne sa visibilité à la Direction. Aussi l'encadrement de cette Direction est-il tourné bien davantage « vers le haut », vers ceux qui demandent le reporting, que vers le bas, vers l'organisation elle-même.

On comprend alors que technicité du métier et aspiration vers le haut se conjuguent pour faire des questions de fonctionnement non pas des questions mineures, mais plus simplement des questions « non perçues », ou au mieux des questions qui n'apparaissent jamais sur l'agenda. Ainsi se dessine à nouveau le fonctionnement « systémique » de cet ensemble : la Direction bénéficie d'un management de haut niveau technique, reconnu par ses interlocuteurs, en même temps qu'elle est bien davantage « aspirée » par sa propre hiérarchie qu'elle ne l'est par le quotidien de son organisation. Celle-ci est de fait inexistante et conduit les acteurs au mieux à l'ignorance mutuelle et au repli sur soi, au pire à « jouer » avec l'organisation pour se protéger, s'autonomiser et éviter les contraintes inhérentes à toute forme de coopération. Cette situation légitime alors toutes les critiques mais aussi toutes les manipulations venant de l'extérieur et en particulier de ceux que la mission de la Direction perturbe le plus. C'est une situation récurrente dans des organisations similaires, dont la faible intégration permet à leurs partenaires – ou clients – d'en devenir les véritables intégrateurs et de leur faire bien sûr « payer le prix » de cette fonction d'intégration[1].

En fin de compte, dans le cas de la Direction, on aboutit à une sorte de « fédération négative » où les acteurs reconnaissent la compétence technique de leur management ainsi que ses qualités humaines, mais lui dénient toute capacité managériale. Tout le monde décrit cette situation comme un problème de « communi-

1. C'est ainsi que des fournisseurs ont pu répondre à des appels d'offres en proposant des prix défiant toute concurrence, en sachant très bien que la demande finale n'aurait que peu à voir avec l'appel d'offre initial, rédigé par un service connaissant mal celui qui avait exprimé le besoin. C'est cela, « faire payer le prix de l'intégration ».

cation ». C'est en fait un double problème de fonctionnement et de management.

*

Voici à présent un second cas de déshérence managériale (paresse managériale) qui, à nouveau, se traduit par la prééminence d'un fonctionnement « en silos » avec toutes les conséquences que nous commençons à entrevoir. Ce cas présente un intérêt particulier, car il permet d'illustrer une remarque faite en introduction : la vie des entreprises ne s'appréhende pas sur le registre du tout noir ou tout blanc. Elle est faite de contrastes et nous allons en observer un montrant que la fonction de protection des silos peut rapidement atteindre sa limite, dès lors qu'elle conduit à un grand écart insupportable entre ce qu'elle génère en termes de résultats (la qualité en particulier) et ce que peut exiger l'environnement. Pour ce faire, nous allons remonter vers le nord de l'Europe et regarder vivre une entreprise qui a longtemps disposé d'une situation de monopole dans son pays d'origine, dans le traitement et la distribution de l'eau. Depuis quelques années, les marchés se sont ouverts, l'entreprise a perdu son monopole et a été intégrée dans un grand groupe international qui est un des leaders mondiaux de cette activité[1].

L'écoute des cadres supérieurs (la *management team*, pour utiliser le vocabulaire local) de cette entreprise – comprendre leurs conditions de travail quotidiennes était l'objet de cette étude – permet de saisir leur désarroi, leurs inquiétudes et parfois leur amertume. Ils expriment sans nuances une critique radicale de tous les aspects de la vie de l'entreprise : la stratégie, l'organisation, le management, la communication, l'appartenance à un grand groupe. De façon assez classique, cette mise en cause des

1. Ce travail a été réalisé en 2008.

« fondamentaux » occulte ce qui devrait être l'essentiel : la performance de l'entreprise, ses résultats, sa capacité à diversifier ses activités. Mais non ! De façon spontanée, les cadres supérieurs insistent sur ce qui est négatif, sur « ce qui ne va pas », sans pour cela énoncer des solutions cohérentes susceptibles d'améliorer une situation qui leur paraît confuse et non maîtrisée. Chacun a une idée, son idée, mais sans plus.

Cette apparente contradiction entre un résultat économique positif et une perception négative de la vie quotidienne doit être considérée comme un signal : elle attire l'attention sur le fait simple que ces acteurs – qui pourtant, répétons-le, sont des cadres supérieurs – ne comprennent plus « ce qui se passe ». L'univers dans lequel évolue leur entreprise se distancie progressivement du leur et surtout de celui qu'ils ont connu par le passé. Bref, la nostalgie des *good old days* occulte des excellents résultats, d'autant plus que ceux-ci sont obtenus dans des conditions de fonctionnement perçues comme une régression sans fin de la condition des cadres : les élites sont fatiguées. On retrouve ici sans surprise la problématique de l'échange traditionnel aujourd'hui rompu, qui unissait les cadres à leur entreprise. Deux des interviewés ont très bien décrit ce passage d'un monde à l'autre, de la stabilité d'une position dominante à une précarité sans doute plus psychologique que réelle, même s'il est vrai que la répartition du pouvoir a été sensiblement modifiée au profit du groupe, c'est-à-dire d'acteurs extérieurs à l'entreprise :

> Chez nous, le monde de l'eau a toujours été stable, très stable même. Il ne l'est plus et ça inquiète les gens. Avant, il suffisait de traiter l'eau et de la distribuer. Aujourd'hui tout devient plus compliqué. Ce n'est plus le même contexte. Le groupe définit des orientations qui ne sont pas celles que nous aurions prises sur place.

> Moi, j'ai commencé dans une petite régie. C'était proche… un petit groupe… la proximité… c'était rapide, les décisions étaient

prises rapidement. Ces dernières années, c'est devenu une société dominée par le souci financier, moins technique, même sur le terrain. Les décisions sont prises sur une rationalité financière car un banquier, ça travaille dans l'argent. Le lien avec le personnel qui assure la production, on l'oublie. Et le groupe a encore plus accentué cette logique financière.

La « nouvelle donne » a donc du mal à être acceptée, d'autant plus qu'elle ne fut pas accompagnée d'un effort pour faire évoluer en conséquence l'organisation : la structure « matricielle » est restée, comme son nom l'indique, à l'état de structure et n'a rien changé au fonctionnement quotidien en silos. Ceux-ci constituent la réalité de tous les jours là où, sans doute, la transversalité et la coopération auraient dû s'imposer pour répondre aux nouvelles exigences du marché, de plus en plus tourné vers la recherche de « solutions » et pas simplement d'un produit, fût-ce l'eau. De ce fait, les cadres supérieurs « errent » dans une organisation peu adaptée à une stratégie que de toute façon ils comprennent mal. La direction générale s'en irrite, le fait savoir et fait porter la responsabilité du « malaise » aux individus plutôt qu'au « système » dans lequel ils évoluent. Il n'est donc pas inutile d'approfondir ce sentiment d'abandon qui domine chez les cadres supérieurs et les stratégies qu'ils développent pour se protéger d'une situation stressante pour eux.

Comment peut se créer un sentiment d'abandon

C'est en fait un double abandon que révèle l'observation de la vie quotidienne : il est à la fois stratégique et organisationnel. Stratégique, car le sentiment domine que l'avenir du « cœur de métier » est laissé à un sort pour le moment indéterminé ;

organisationnel, car chacun partage le sentiment que la marche quotidienne de l'entreprise se délite inexorablement. La « mécanique » à l'œuvre ici est intéressante car observable dans la quasi-totalité des entreprises qui ont eu à affronter plus ou moins brutalement ces transitions liées à la « dérégulation » et à la recherche d'un nouveau « positionnement stratégique ».

Dans le cas présent, les dirigeants doivent gérer la dérégulation et ses conséquences en même temps qu'ils sont aspirés (encore !) par la stratégie plus globale du groupe, dont ils sont par ailleurs devenus des responsables éminents. Le postulat dont ils sont partis est que les membres de la *management team*, puisque cadres supérieurs, devaient par définition comprendre ces évolutions et leurs conséquences et donc les prendre eux-mêmes en charge. C'est l'inverse qui s'est produit, apportant un démenti prévisible à ce postulat « théorique » : ces cadres ne se sont emparés de rien du tout, et n'ont adopté qu'une attitude de « critique inquiète ».

Aussi, cette équipe – qui, on l'aura compris, n'a d'équipe que le nom – n'a pas cherché elle-même à maîtriser son propre avenir, habituée qu'elle était à ce que la question ne se pose pas dans un contexte traditionnel où tout était hautement prévisible. Elle s'est alors retournée vers ses « chefs », ceux qui auraient dû être les garants de ce monde autrefois protecteur… et n'a pu que constater qu'ils étaient déjà ailleurs. Dès lors, la demande d'une stratégie claire pour l'entreprise doit se comprendre comme une supplique pour que l'incertitude qui commence à peser sur l'avenir soit réduite et que le futur des individus gagne ainsi en prévisibilité. Cela explique aussi que l'entrée dans un groupe international ait été bien plus perçue comme un problème que comme une opportunité. Comme toujours, on voit surgir le traditionnel procès d'intention fait au groupe de n'avoir d'autre stratégie que financière, cette dimension absorbant l'attention et les efforts de tous les dirigeants, donc de ceux de l'entreprise, compte tenu des responsabilités qui leur ont été confiées au niveau du groupe. Cette focalisation sur les aspects financiers se fait au détriment de la dimension technique, celle du traitement et de la production qui jusque-là était quasi hégémonique Puis viennent se greffer des considérations plus triviales qui exacerbent les frustrations : il faut réduire les coûts, mettre les salaires au niveau du marché, ce qui n'a pas avantagé les cadres de l'entreprise. Mais rien de tout cela n'est géré autrement que par l'irritation grandissante de dirigeants évoluant désormais dans une autre sphère. Bref, justifié ou pas, ce sentiment d'abandon quant au devenir de l'entreprise dans un monde et un groupe mal appréhendés nourrit le malaise qui traverse la *management team*. Celui-ci est amplifié par l'inadaptation croissante de l'organisation que tous, dirigeants et cadres, dénoncent tout en en imputant la responsabilité à l'autre.

Cette organisation devait se traduire par un « matriciel » (une autre perle du vocabulaire managérial), jamais véritablement mis en œuvre, laissant ainsi perdurer les « silos » et leurs conséquences quotidiennes sur la marche de l'entreprise. C'est tout sauf une surprise : dans la mesure où aucun acteur n'avait pris en charge l'adaptation de l'organisation à la stratégie (ce qui est en théorie le minimum requis de l'action managériale), les acteurs locaux firent le choix naturel de la protection endogène plutôt que celui de la dureté exogène. Nous savons maintenant que c'est un « classique ». Ici, le cas est intéressant car il est difficile pour l'observateur extérieur de comprendre si on a vraiment essayé de mettre en place un mode de travail en « matrice » tant la confusion règne sur cette question. Cette confusion n'est pas la marque d'individus qui n'auraient pas compris les nouvelles « règles du jeu » et qui donc auraient fait capoter l'affaire. Elle témoigne de la dissociation croissante qui existait dans l'entreprise entre la structure formelle et le fonctionnement réel. La « matrice » existe sur le papier, mais sa mise en œuvre s'est heurtée aux tendances autonomistes des silos (toujours un classique) et aussi au court-circuitage fréquent pratiqué par des dirigeants en quête de réponses rapides et de « réactivité ». Un des cadres supérieurs résume la situation de la façon suivante :

> À un certain moment, notre entreprise a adopté le matriciel. Mais on n'a jamais vraiment joué le jeu par souci d'indépendance locale. Les fonctions transversales n'ont jamais pu jouer vraiment leur rôle et le management local en a profité pour garder son autonomie. Ce n'est pas une question de communication, c'est simplement que personne, du haut en bas, ne montre l'exemple.

La persistance des silos produit ses résultats habituels : la prise de décision est longue et chaotique et l'application de ces décisions est aléatoire. Pour se protéger face à cet aléa qui les fragilise et pourrait les mettre en situation d'avoir à assumer la responsabilité des résultats de ce mode de travail non maîtrisé, les acteurs se « sur-protègent ». Ils consultent tout le monde jusqu'au moment où ils pensent avoir obtenu un fragile consensus. Bien entendu, cela alourdit encore la prise de décision mais rassure des cadres qui se demandent en permanence s'ils ont bien consulté et informé tout le monde et si eux-mêmes ont bien lu tous les courriels qui leur ont été envoyés. Pour comprendre, il suffit d'écouter l'un d'entre eux :

> On passe un temps considérable à sécuriser nos décisions. Nos pratiques sont très lourdes, car tout le monde doit avoir été consulté. Ça devient extrêmement stressant si on met ça en perspective avec toutes les demandes qui viennent du groupe. Aussi, le courriel a pris une ampleur considérable, sans aucune discipline. Je vous assure que c'est un système mentalement épuisant pour tout le monde.

Ce témoignage amène à faire une remarque. Il a été souligné jusque-là que la pratique des silos était à la fois protectrice pour les individus et pénalisante pour les organisations, en termes de coût et de qualité. Cela se vérifie à nouveau dans le cas présent. Mais on observe aussi que la fonction de protection trouve sa limite dès lors que l'organisation en question est intégrée dans un ensemble plus vaste, qui fait peser sur elle une pression permanente. On comprend pourquoi : pour qu'elle produise ses effets protecteurs à plein, la segmentation nécessite de prendre place dans un environnement que l'entreprise domine. Dès lors que cette relation de pouvoir s'inverse (ouverture des marchés) ou que l'ensemble dont elle n'est plus qu'une partie a les moyens d'exiger plus, on voit réapparaître les phénomènes de souffrance au travail. C'est ce qui explique sans doute que ce thème des « silos » occupe la place centrale, et de loin, dans les entretiens avec des acteurs qui jusque-là en étaient les bénéficiaires. C'est qu'ils sont devenus contre-productifs « à tous les étages » si l'on peut dire : ils fragilisent l'entreprise face à ses clients externes (ceux qui consomment l'eau) car nous savons qu'ils sont contradictoires avec un vrai « parcours client » et détériorent ainsi mécaniquement la qualité de service telle qu'elle est perçue par les clients. Ceux-ci se déclarent d'autant plus mécontents qu'ils sont poussés à exprimer leur insatisfaction par des « politiques » trop heureux de prendre leur revanche sur une entreprise qui jusque-là leur faisait payer le prix de sa situation monopolistique. En quelque sorte, l'organisation se met en situation de faiblesse par rapport à un environnement qui ne lui est déjà pas favorable. Cette inquiétante critique extérieure à laquelle les cadres n'étaient ni habitués ni préparés fait à son tour éclater un collectif de travail par ailleurs bien fragile, détériore encore plus un climat morose et irrite une équipe dirigeante qui n'obtient pas de ses cadres ce qu'elle pensait être en droit d'en attendre

L'implosion du collectif

Nous l'avons noté, cette implosion du collectif provoquée par un fonctionnement qui ne répond plus aux exigences nouvelles d'un marché ouvert concerne en premier lieu la « relation client ». Ce sujet sensible, qui symbolise l'inadaptation de l'organisation à la dérégulation du marché[1], fut même porteur de lourdes menaces pour l'avenir et alimenta ainsi une inquiétude déjà vive en renforçant l'idée que la stratégie n'était pas claire, voire était pour certains inexistante. Voici comment un cadre exprime cette « boucle systémique » :

> Sur certains points on est clairs en principe, sur la vision qu'on développe vis-à-vis du client par exemple. Mais lorsqu'on essaie de le traduire dans l'organisation, ça devient tout de suite moins clair. Personne n'est responsable du début à la fin. Au niveau du *customer service* on est orientés vers des processus, c'est-à-dire vers l'interne. Ça gêne beaucoup. Et côté management, on a fait une scission entre les ventes et le *customer service* avec deux managers qui chacun optimisent leur boutique. Personne là-dedans ne valorise la coopération.

On ne saurait mieux dire ! Les « silos » sont donc devenus une cause majeure de désarroi et d'incompréhension mutuelle. Ce n'est pas que les cadres supérieurs n'aient pas compris que le monde avait changé : ils ne peuvent que constater que l'ouverture des marchés est un fait dont on ne voit pas bien ce qui pourrait à brève échéance le remettre en question. Ce qui fait problème, c'est l'abandon dont cette organisation fait l'objet, son éclate-

1. Claude Michaud et Jean-Claude Thœnig, *Making Strategy and Organization Compatible*, New York, Palgrave Macmillan, 2003.

ment et en définitive l'effacement du collectif au profit de nouvelles stratégies de protection. Car la réaction sans nuance des dirigeants – les critiques qu'ils ont émises à l'encontre de leurs propres cadres – a joué davantage un rôle d'accélérateur que de modérateur en donnant à ces cadres le sentiment que leurs dirigeants se désolidarisaient de leur « village d'origine ». Ils répondirent à cela par une très classique stratégie de retrait, réponse à la fameuse rupture du « deal implicite » unissant traditionnellement une entreprise à ses cadres : dans le monde ancien, ils « comptaient » parce qu'ils étaient cadres, tout simplement. Ils en tiraient un bon salaire et un statut social. Dans le monde nouveau, ils vivent mal de n'être que des numéros, mot auquel la folie des processus a donné un contenu très concret. Car comme le dit l'un d'eux avec effroi :

> Maintenant on a un numéro d'identification ! Dans mes premiers iours au siège, j'ai dû le donner je ne sais pas combien de fois. C'est une façon un peu étrange d'identifier les gens, quand même !

Cette stratégie a également conduit à un fonctionnement en « nid d'abeilles » déjà évoqué dans le cas précédent : chacun travaille dans son coin, sans trop se soucier des autres, avec des informations qui ne remontent pas plus qu'elles ne redescendent. De ce fait, chacun « interprète » les décisions en fonction de ses intérêts, les applique ou ne les applique pas, alors même que leur contenu et leur légitimité s'appauvrissent au fur et à mesure qu'elles circulent dans l'organisation.

Mais à côté du retrait, on voit apparaître une autre stratégie, mise en œuvre par les plus dynamiques des cadres dirigeants. Appelons-la la « stratégie du marché » : ces « dynamiques », qui sont aussi les plus jeunes, ont compris rapidement qu'ils n'ont pas grand-chose à attendre de l'organisation pour les aider à obtenir ce dont ils ont besoin pour effectuer les missions qui leur sont confiées. En réponse à cela, ils se « servent », font leur « marché » de ressources humaines disponibles. Ils attirent à eux ceux qui leur paraissent les plus compétents et marginalisent les autres. Ils reconstituent leur propre entreprise dans l'entreprise, suivant une logique qu'ils décrivent eux-mêmes comme une méritocratie à l'anglo-saxonne. Ils ne perçoivent aucune limite à cet exercice, tant le fonctionnement en « nid d'abeilles » qui vient d'être décrit implique ce « chacun pour soi » pour quiconque veut faire avancer les choses, ses choses. Comme le décrit l'un d'eux :

> On va vers un fonctionnement qui s'améliore lentement. On essaie de travailler de façon plus moderne et ça va mieux. Pour mener à bien mes projets, je recrute à l'intérieur et à l'extérieur comme je veux. Et mes patrons aussi me donnent ces boulots dans l'informel. Ça n'est pas un problème. On s'y fait vite.

Intéressant paradoxe de cette entreprise qui a d'abord fait le choix de « protéger » ses salariés en général et ses cadres en particulier en leur concédant toute l'autonomie que procure l'organisation en silos. Celle-ci s'est elle-même délitée sous les coups de boutoir d'un marché en profonde transformation ; et à la fin de ce cheminement qui a plongé les plus anciens dans le désarroi et l'angoisse, un nouveau mode de fonctionnement apparaît, privilégiant l'initiative personnelle des plus « malins », qui s'approprient les territoires laissés vacants par des dirigeants « aspirés » vers le groupe pour constituer une sorte de « fédération » de quasi-professions indépendantes qui s'active hors de tout contrôle réel. C'est réjouissant du point de vue de l'intelligence des acteurs, mais cela démontre aussi toute la difficulté de récupérer le travail dès lors qu'on a accepté de le laisser filer.

CHAPITRE III

On a laissé filer le client

Quel titre choquant ! Ce client, celui qui est aujourd'hui l'objet de toutes les attentions réelles ou fictives, grand vainqueur de la « mondialisation » et de l'ouverture des marchés qui en résulte, lui qui par l'intermédiaire d'Internet aurait acquis des capacités de choix sans limites, ce client-là, on aurait pu le laisser à l'abandon ? On a peine à le croire, tant nous sommes assaillis de publicités nous montrant combien le client est aimé et choyé, tant nous sommes bercés par un vocabulaire managérial qui ne parle que de lui, par lui et pour lui. Ne voilà-t-il pas qu'un programme de formation d'une des meilleures *business schools* européennes s'intitule sans détours « *Building customer's obsessed organisations*[1] ». Pour nos grands-mères le client était roi, pour nous il est devenu obsession. On pourrait s'en amuser.

Et pourtant, derrière l'excès de ces formules se cachent des évolutions tout à fait cohérentes avec le propos de ce livre. Reprenons : on a laissé filer le travail dans un contexte économique où le client n'avait pas grand choix et où, pour le dire autrement, ce qui était rare c'était le produit. Celui qui le « contrôlait », c'est-à-dire le produisait ou le distribuait, en tirait le pouvoir sans contrepartie d'imposer à ses clients sa propre logique, ses propres contraintes et le client, trop content d'obtenir ce produit si rare,

1. « Construire des organisations obsédées par le client ».

n'avait d'autre solution que de remercier. C'était l'âge d'or des bureaucraties, quand rien n'obligeait à tenir compte des besoins du client pour décider de ses modalités de travail.

Cette priorité donnée au producteur au détriment du client fut à l'origine des dérives du travail évoquées dans les chapitres précédents, *via* les mécanismes d'externalisation. Je n'y reviens pas. Mais on comprend que ce déséquilibre de la relation producteur-acheteur, qui a été perçu par beaucoup comme pérenne et peu susceptible d'être remis en question, était en fait fragile et conjoncturel. Que la relation s'inverse (ce qui fut le cas) et nul doute que le client le comprendrait et chercherait à en tirer des avantages qui lui auraient semblé inatteignables auparavant, à commencer par celui de se « promener » de fournisseur en fournisseur jusqu'à trouver son « éden » consumériste. Le secteur de la téléphonie mobile est un des exemples les plus marquants de ces transformations : un provincial arrivant à Paris dans les années 1960 mettait en moyenne deux ans pour obtenir un téléphone fixe, encore considéré comme un privilège, d'ailleurs distribué à l'époque par un ministère, par nature en situation monopolistique ; aujourd'hui, chacun d'entre nous a pu observer la très faible patience d'un adolescent devant un « portable » qui n'est pas activé au moment de son achat.

On a parfois du mal à comprendre que pour les entreprises – et, par effet de capillarité, pour certaines administrations également – ce fut une véritable révolution. Cette « inversion de la rareté » entre le produit et le client a remis bon gré mal gré celui-ci au centre du débat, de façon autrement plus contraignante que certains discours naïfs ne le laissent entendre. Car pendant les années fastes où le client n'avait finalement pas grande importance, on l'a abandonné et cela d'autant plus facilement qu'on était plus préoccupé d'offrir à ses salariés de multiples avantages qu'à donner la priorité à un acteur sans réel pouvoir. Pour le dire autrement, la contrepartie d'avoir laissé filer le travail… c'est d'avoir en même temps laissé filer le client ! On n'a pas su – ou pas voulu – s'occuper à la fois de ses salariés *et* du client.

Le client abandonné

Alors on a « sous-traité » la gestion du client, comme s'il s'agissait d'une activité mineure pouvant être confiée à des acteurs périphériques. Là encore, il faut éviter la naïveté : ce schéma reste le modèle dominant et non l'exception ; qui, aujourd'hui, est capable de mettre face au client ceux de ses membres reconnus comme étant les meilleurs ? C'est à ce point difficile pour des entreprises qui pourtant en comprennent la nécessité qu'elles se mettent à « ruser » avec leurs clients. Elles leur envoient des lettres, signées d'un haut responsable et accompagnées d'un numéro de téléphone qui aboutit… à un centre d'appel délocalisé !

Cette sous-traitance du client – son abandon en quelque sorte – s'est faite de différentes manières. La première, la plus évidente, fut de confier l'activité de vente à des organismes extérieurs, les distributeurs de toutes sortes. C'est par exemple ce qu'ont fait en France les fabricants d'électroménager qui ont progressivement abandonné leurs maigres réseaux de distribution au profit des grandes enseignes. Cette stratégie se révéla catastrophique pour eux car celles-ci, s'appuyant sur les lois réglementant le refus de vente – aujourd'hui modifiées – « s'emparèrent » des marques et, par des techniques de vente bien connues, les utilisèrent à leur profit. Le monopole de la relation au client qu'elles se constituèrent ainsi leur permit alors d'asseoir leur pouvoir sur les fabricants, jusqu'à les faire disparaître du marché au profit de marques extérieures à plus forte marge. Le client ne s'en trouva pas mieux servi, mais il devint plus rentable pour les distributeurs...

D'autres stratégies existaient pourtant : les producteurs japonais par exemple ont adopté une démarche inverse. Plutôt que de laisser une grande distribution menaçante s'accaparer les consommateurs, ils ont eux-mêmes financé des distributeurs, en les laissant dans un état de faiblesse qui leur ôtait toute autonomie par rapport aux fabricants nationaux et donc interdisait toute tentative de s'emparer du client. Mais il faut admettre qu'ils étaient aidés par une règlementation étatique (leur fameux Fair Trade Comittee) qui a toujours privilégié la production nationale au détriment de l'entrée sur le marché d'opérateurs extérieurs. Ce faisant, le « coût d'entrée » sur leur marché était prohibitif et contraignait celui qui s'y risquait à trouver un accord avec un producteur national qui faisait bien entendu le nécessaire pour cantonner le nouvel entrant sur un marché de niche. Dans le cas français, le nouvel entrant avait plutôt intérêt à s'allier au distributeur puissant, qui contrôlait le client, en lui offrant les marges avantageuses évoquées plus haut. On le voit, dans une vision à long terme, l'enjeu du contrôle du client n'est pas mince.

Est-ce pour éviter ces risques ? Les entreprises ont cherché, et trouvé, une autre façon de sous-traiter le client. Cette fois, elles l'ont sous-traité à des parties de leurs propres organisations (représentants, conseillers commerciaux par exemple), qu'elles ont placées ainsi en position de « marginaux-sécants », acteurs à la fois *dans* et *hors* de l'organisation, et qui tirent de cette position un avantage d'autant plus considérable que s'effectue le renversement du marché. Au-delà de la légitimité souvent exagérée qui entoure celui qui est sur le « terrain », c'est-à-dire au contact du client ou de l'usager, cette situation confère à ceux qui en bénéficient un réel pouvoir au sein de leur organisation. Ils feront donc tout pour le garder en constituant un halo autour de leurs activités et en tissant, avec les clients, une relation plus personnelle qu'organisationnelle. C'est le cas par exemple des facteurs qui distribuent des produits de grande valeur psychologique pour ceux qui les reçoivent (courrier et journaux) et qui ont réussi à inverser en quelque sorte la notion de client : dans toute autre activité, ce mot désigne celui qui paie le bien ou le service qui lui est vendu, d'où le très fameux « c'est moi qui paie ». Pour les facteurs, le client, ce n'est pas celui qui paie, mais celui qui reçoit... et dans ce cas celui qui reçoit gratuitement ! La relation qui se tisse alors peut être d'autant plus conviviale et agréable qu'elle n'est supportée par aucune transaction financière, celle-ci s'étant effectuée « ailleurs », lors de l'envoi. Le facteur est alors libre d'organiser son temps comme il veut et de gérer « à sa manière » la relation à un client auquel ce service ne coûte rien.

Bien entendu, ces situations rendent l'entreprise vulnérable en ne lui laissant pas la maîtrise de ce qu'elle propose au marché puisque celui à qui elle en a – imprudemment – délégué la maîtrise cherche plus à vendre ce qu'il connaît que ce dont le client a besoin ou ce que l'entreprise peut offrir. C'est pour cela que de bonnes relations *personnelles* entre ce client et celui qui en a la charge ne sont pas un gage de réussite, contrairement à la rhétorique en vogue chez les « commerciaux ».

Comme souvent en pareil cas, on a le sentiment que le salut peut venir de la technologie, ce qui revient à chercher une solution technique à un problème humain, tentation omniprésente dans l'entreprise, mais stratégie à haut risque sans garantie de succès. Néanmoins, on tente d'« informatiser » le travail des vendeurs avec force ordinateurs et programmes sophistiqués censés, petit à petit, mettre sous contrôle ces populations qui ne passent au bureau que pour « bavarder avec les secrétaires ». On ne répétera pas ici la litanie des difficultés et parfois des échecs de ces stratégies, dans l'industrie pharmaceutique en particulier. Ils exprime nt à quel point le contrôle du client est devenu un enjeu décisif pour des organisations qui, jusque-là, l'avaient considéré comme marginal. Le client captif, donc sous-traité, est devenu une incertitude majeure dans la compétition économique et est de ce fait l'objet d'une reconquête difficile. Là encore, la paresse managériale se paie au prix fort.

Un premier cas va permettre de l'illustrer. Avec lui, nous voyageons à nouveau en Europe du Nord – c'est ce qui explique que les sigles utilisés soient en anglais – et, pour la première fois, nous entrons dans le monde de l'administration publique[1]. À travers la gestion de ses « postes économiques », ce pays est confronté à un problème courant de gestion du changement dans le secteur public : comment obtenir que les agents acceptent de travailler de façon différente, soient sérieusement évalués et consentent à partager une information qui représente leur « valeur ajoutée » personnelle au sein de leur organisation ? La question est ici encore plus compliquée puisqu'il s'agit de « conseillers commerciaux » dans des ambassades et consulats, représentant une population importante de 1 200 personnes, parmi lesquelles 200 seulement sont des diplomates (donc des fonctionnaires), tandis que les autres sont des *locally-engaged* (engagés locaux) travaillant pour le pays considéré dans leur propre pays d'origine. Enfin, cette Direction (appelons-la ainsi désormais) doit faire face à une double difficulté : d'une part, aucun de ses membres, qu'il soit au siège ou en poste, n'est géré directement par elle-même, mais par l'autre unité ministérielle qui lui est associée depuis sa création, ce qui en fait une sorte d'« organisation virtuelle » ; d'autre part, il n'y a pas en son sein de tradition de « reporting systématique », les services diplomatiques n'ayant aucune culture

1. Ce travail a été réalisé en 2007.

de gestion de la performance, question qui n'a d'ailleurs jamais été évoquée comme une priorité par les interviewés.

Prudence avec l'ambiguïté

Dans de telles conditions, la Direction anticipe de sérieuses difficultés et même des oppositions certaines dans la mise en place du système CRM (Customer Relationship Management system) que la pression du ministère des Finances l'a conduite à envisager pour ne pas risquer de voir ses ressources réduites, voire coupées. Ce système a pour vocation de réunir l'information pertinente relative à l'activité des conseillers : avec qui sont-ils en contact ? Combien de fois rencontrent-ils ces gens-là et pourquoi ? Quels sont le contenu et les résultats tangibles de ces discussions ? Et, plus généralement, quelles sont les informations clés que tout un chacun doit avoir en tête sur ces interlocuteurs ?

Or, à un second niveau, il est évident qu'un tel outil pourrait être un bon moyen d'avoir une perception plus claire de ce que font les uns et les autres et pour tout dire de connaître la quantité réelle de travail fourni, question sur laquelle il faut bien dire que la Direction a quelques doutes. Cette information pourrait alors ouvrir la voie à une « restructuration » générale, qui modifierait l'allocation des ressources humaines, en en transférant l'essentiel des « vieux pays » (les pays européens), où les enjeux sont faibles, vers les pays émergents (les fameux « BRIC[1] »), où il est crucial de faire porter l'essentiel des efforts et des investissements.

Dès lors, on comprend que la question n'est pas simplement d'introduire une nouvelle technologie, neutre en quelque sorte,

1. Brésil, Russie, Inde et Chine.

sans effet direct sur l'organisation, c'est-à-dire la façon dont les gens travaillent. On sait depuis longtemps que tout « système technique » a un impact profond sur le mode de fonctionnement et qu'il peut changer les relations de pouvoir entre les différents acteurs. Dans le cas qui nous occupe, non seulement gagner en transparence sur ce que font les gens est un réel problème, mais essayer d'introduire de la clarté dans le contenu de leurs activités est perçu par eux comme une réelle menace et ce, il faut y insister, quel que soit le pays dans lequel ces gens opèrent[1].

Au premier abord, quelques observations permettent de mieux appréhender ce qui se passe réellement dans les postes. Tout d'abord, au moment de l'enquête, le degré d'information sur le système CRM est encore très variable et parfois extrêmement faible. Excepté ceux en poste là où il a été testé, les conseillers en ont « entendu parler » mais n'ont reçu aucune information sérieuse. Phénomène accentué par le fait que ces postes fonctionnent en autarcie, isolés les uns des autres, avec peu d'occasions d'échanger. Il n'y a aucune réunion générale de l'encadrement et *a fortiori* des conseillers, et les « engagés locaux » n'ont jamais la possibilité de se rendre à la « maison mère ». Aussi les ai-je trouvés dans une position prudente : « attendre et voir venir ».

Plus important sans doute, il devient vite évident que, contrairement aux craintes des initiateurs du projet, les acteurs locaux n'anticipent pas le fait que la Direction pourrait utiliser ce système « contre eux ». Quand ils s'expriment sur ceux qui vont utiliser ce système ou sur ceux pour qui ce système pourrait être utile, ils parlent d'eux-mêmes, pas de la Direction. Dans leur esprit, ils en seront les utilisateurs principaux, ceux qui bénéficie-

1. L'étude a porté sur sept pays, répartis sur l'Europe, l'Asie, l'Amérique du Nord et l'Amérique du Sud.

ront de cette innovation. Ils en ont donc une perception *technique* et ne discutent que de son utilité plus ou moins grande pour leur activité quotidienne. Par exemple, ils n'anticipent aucune possibilité pour la maison mère d'utiliser le système CRM pour introduire plus de centralisation.

On peut considérer que c'est là une situation très positive, dans laquelle les unités locales ont confiance en leur organisation et ne font aux dirigeants aucun procès d'intention ni ne leur supposent aucune stratégie dissimulée. La réalité est sans doute légèrement différente. Au fur et à mesure de l'analyse, il devient clair que les conseillers sont encore plus loin que prévu de l'idée d'une éventuelle évaluation, que ce soit par ce système ou par tout autre moyen. L'idée d'évaluation elle-même est simplement étrangère à leur univers mental, pour ne rien dire de la possibilité qu'elle puisse servir de base à l'introduction d'un nouveau système de rémunération. Comme je l'ai indiqué, il n'y a pas de culture de la performance dans ce milieu. C'est même pire, si l'on peut dire : lier évaluation et salaire relève de l'inconvenance ! Il en résulte que l'écart entre le « siège » et les unités locales est sans doute plus considérable que personne n'avait encore pu l'envisager. Chacun comprendra que c'est une situation dangereuse car elle montre qu'il n'y a aucune transparence sur les objectifs réels poursuivis par cette initiative, excepté pour quelques diplomates de haut rang… qui n'en ont que faire. Et dès le début de ce travail, j'ai dû souligner que prolonger cette situation ambiguë pourrait provoquer des réactions très dures de la part d'acteurs qui auraient soudain le sentiment – justifié par ailleurs – d'avoir été trompés. La surprise et le choc seraient pour eux d'autant plus importants que les systèmes d'évaluation existants – si tant est qu'il y en ait réellement – sont de nature bureaucratique. Il y a un « processus » pour fixer des objectifs (au demeurant bien vagues), qui fait l'objet d'une double revue annuelle, mais sans aucune conséquence sur le sort ou les émoluments des individus. Par ailleurs, la « part variable » est perçue par tous comme insignifiante.

Dernière observation : aucun des interviewés exerçant des responsabilités de management n'a mentionné l'évaluation de ses collaborateurs comme faisant partie de ses tâches.

Les remarques qui précèdent permettent de comprendre ce que sont les préoccupations des conseillers par rapport au nouveau système. Ils espèrent d'abord qu'il sera d'un usage convivial (aspect technique) en termes de temps pour obtenir la connexion, pour entrer les données et pour y trouver soi-même les informations intéressantes. Ils ont déjà eu quelques indications, provenant toujours d'un pays test, qui laissent à penser que de nombreuses améliorations restent à faire pour garantir une facilité d'utilisation acceptable.

La deuxième question qu'ils se posent est curieuse et touche un sujet plus sensible : comment sera-t-il possible d'entrer dans un tel système tous les aspects de leur activité ? Il y a consensus pour la décrire comme étant parfois « intangible ». Elle est faite de participations à des événements sociaux, y compris des dîners, des galas, des manifestations culturelles, des rencontres impromptues avec des gens qui font partie de leurs « réseaux »... Pour être plus précis, il appert que plus les conseillers (et en particulier les « locaux ») sont haut placés dans la hiérarchie du poste et plus ils considèrent que la partie la plus importante de leur activité est intangible et donc difficilement mesurable. Ce sont d'ailleurs les mêmes qui font remarquer que non seulement il est hasardeux de vouloir mesurer leur activité, mais qu'il est encore plus incertain de chercher à en mesurer les résultats. Ils citent de nombreux exemples – pour la plupart très sophistiqués – sur les types d'événements auxquels ils assistent, les informations qu'ils en tirent, qui proviennent de leurs – discrètes – relations personnelles, ce qui rend impossible toute mesure des résultats obtenus. Ils signalent d'ailleurs que certains de leurs interlocuteurs, les entreprises qui s'adressent à la Direction en particulier, ont appris à la « manipuler » pour en tirer toujours plus, sans mentionner bien entendu ce qu'elles ont déjà obtenu de tel ou tel conseiller. Seuls ceux qui sont au bas de l'échelle ont une perception positive de l'utilisation de ce système, mais comme ils ne « sortent » jamais et ne rencontrent donc personne, ils n'y voient aucun enjeu.

Telle est la situation qui permet de comprendre les stratégies développées par ces conseillers, face à une menace rarement explicitée mais bien présente dans l'esprit des acteurs concernés. Au-delà des disparités de carrière et des raisons de leur engagement, il y a entre eux un accord tacite pour que personne ne dérange personne. Pour les diplomates de haut rang, les consuls généraux par exemple, être en charge de cette activité « commerciale » est un engagement de court terme dû au fait que les règles du ministère des Affaires étrangères leur confient la gestion de ces conseillers. Pour les « locaux », travailler dans cette Direction permet de trouver un travail là où ils sont. Ils tirent un pouvoir considérable de leur implantation locale, de leurs réseaux, de leur capacité unique à résoudre des problèmes qui ne se résoudraient pas par les voies officielles. C'est d'ailleurs pour cela qu'ils ont été recrutés, que les autorités tiennent à ce qu'ils restent et à ce qu'on ne les « bouscule » pas.

Ce que confirme le sentiment de l'observateur que le rythme de travail n'est pas très élevé, sans que personne n'« exagère », ce qui pourrait faire peser une menace de « reprise en main ». En d'autres termes, c'est une administration publique très classique dans laquelle les acteurs sont d'accord pour que chacun d'entre eux dispose d'un haut degré de liberté en évitant toute interférence extérieure. Un univers un peu atone, où les gens se parlent peu, sans réel esprit d'équipe si ce n'est pour maintenir un bon niveau de protection vis-à-vis de l'extérieur. Il n'y a donc rien de particulier dans ce tableau : comme dans tout univers bureaucratique, les relations entre les individus sont distantes dans la vie quotidienne, mais ils sont capables d'une grande solidarité dès lors qu'ils perçoivent une menace extérieure susceptible de remettre en question les équilibres existants. En creusant plus profond néanmoins, trois stratégies se dégagent qui correspondent sans surprise à trois positions différentes dans l'organisation.

Trois exemples de stratégies de protection

La première de ces stratégies concerne les conseillers en activité dans leur pays de résidence. Ce ne sont donc pas des « expatriés » à proprement parler dans la mesure où travailler dans ce pays relève de leur choix, et ils en conçoivent une certaine amertume. Ils ont une grande réticence vis-à-vis des avantages du système CRM, même si par ailleurs ils disposent de peu d'informations à son sujet. Avec un réel cynisme, ils rappellent que ce n'est pas la première fois que l'on tente d'introduire quelques changements dans la gestion des postes, ce qui s'est toujours soldé par des échecs catastrophiques. Grâce à de nombreux exemples, ils justifient leur préférence pour le système « artisanal » antérieur que chacun s'est construit dans son coin, plus simple certes mais sans doute plus performant que n'importe quel système centralisé, du moins à leur avis. Et même si ces « systèmes locaux » ne peuvent pas communiquer entre eux, tous s'accordent sur le fait que le système en cours suffit largement à leurs besoins. En outre, ils considèrent que leur administration centrale est incapable de gérer une chose d'une telle ampleur, à la fois peu performante et d'usage très complexe. En somme, ils utilisent les échecs précédents comme une très bonne ressource pour s'opposer aux tentatives présentes. Ce faisant, ils protègent leur autonomie et leurs territoires. Ce sont d'ailleurs eux qui insistent le plus volontiers sur la notion d'« activités intangibles » et expliquent pourquoi elles ne peuvent pas être « entrées » dans un ordinateur ni *a fortiori* mesurées. Pour les mêmes raisons, ce sont eux qui donnent le plus de détails et d'exemples pour expliquer pourquoi les résultats de ces activités ne sont pas mesurables, et surtout pas d'une façon mécanique et bureaucratique. Bref, ce qu'ils savent, ce qu'ils font et les gens qu'ils rencontrent, cela ne regarde qu'eux et eux seulement. Le partage de cette connaissance équivaudrait à une perte de pouvoir susceptible, à terme, de remettre en cause leur utilité pour l'organisation. Aussi est-il à peu près impossible de « convaincre » ces acteurs, non pas parce qu'ils ne « comprennent » pas – vision psychologique – mais parce qu'ils n'ont aucun intérêt à la mise en œuvre du nouveau système – vision sociologique. Ils multiplient donc les stratégies de résistance, posent des conditions, émettent des objections, soulèvent toujours plus de problèmes techniques.

Le deuxième groupe est celui des « embauchés locaux » de niveau supérieur, principalement dans les pays émergents. Ils détiennent un pouvoir considérable car ils contrôlent les relations avec les bureaucrates locaux, les entrepreneurs de la place et plus généralement tous les gens qui comptent sur leur territoire d'opération. Il s'agit d'un acquis très personnel, provenant généralement de l'implantation de longue date de leur famille dans le milieu local. Ils ont souvent complété cette ressource personnelle unique par de très solides études dans les universités occidentales. Tout en étant « occidentalisés », ils sont intégrés à la société locale, en connaissent les habitudes, les règles non écrites et les codes sociaux. Ils détiennent un accès direct aux réseaux les plus utiles pour obtenir ce que les circuits normaux rendent parfois impossible à acquérir, ou au prix d'une désespérante lenteur. Enfin, ils savent fort bien que tout cela constitue l'essence de leur valeur pour leur employeur.

Pourtant, cette valeur n'est pas récompensée dans l'organisation en place. Les règles bureaucratiques de gestion du personnel ne leur donnent que la possibilité de conserver leur emploi, assortie d'augmentations de salaire très modérées, pour ne pas dire insignifiantes. Et ces augmentations réduites, qui se traduisent parfois par quelques primes symboliques, sont loin de compenser l'impossibilité pour eux d'obtenir la moindre promotion... puisqu'ils ne sont pas citoyens du pays pour lequel ils travaillent. Bloqués dans leur position, ils y resteront quoi qu'ils fassent, quoi qu'ils apportent à l'organisation. La Direction ne gérant pas elle-même ses propres personnels, elle ne peut avoir qu'un impact très réduit sur leurs évolutions de carrière. Ils en ont donc déjà atteint le niveau le plus élevé.

On pourrait considérer cette situation comme très paradoxale et dommageable. En réalité, dans le cadre de l'élaboration d'une stratégie de changement, on voit apparaître de possibles marges de manœuvre. Car ces acteurs, en particulier les plus jeunes d'entre eux, montrent clairement qu'ils sont prêts à faire plus, et parfois bien plus, à s'investir davantage dans la vie quotidienne de leur unité, pour autant que cet investissement soit récompensé par un accord gagnant-gagnant. Il s'agit moins d'argent que d'une « ouverture du jeu » qui leur permettrait de progresser sur l'échelle sociale de leur organisation. C'est d'ailleurs ce qu'ils signifient en évoquant le « système stupide de gestion des personnels » alors en vigueur dans les ambassades. L'« incertitude » qu'ils contrôlent à travers leur maîtrise de l'environnement pertinent, qu'ils ne comptent pas lâcher pour la simple mise en œuvre d'un nouveau système informatique, leur donne dès lors un fort pouvoir de négociation avec leur organisation. L'histoire a montré qu'ils l'ont utilisé… pour le plus grand bénéfice de la Direction dans son ensemble.

Car, ce faisant, ils entraînent avec eux tout ou partie des autres, les embauchés locaux des catégories inférieures en particulier. Ceux-ci n'ont pas le même contrôle des « clients » de l'organisation, car la plupart restent dans les bureaux et effectuent des travaux routiniers de traduction ou d'édition de documents. Ils ont donc développé une stratégie « suiviste », sans investissement particulier, en accordant plus d'attention à leur vie personnelle qu'à l'efficacité du fonctionnement de leur poste. Ils montrent clairement au fil des entretiens qu'ils ne souhaitent pas de reconnaissance particulière et n'envisagent pas d'obtenir une promotion. Leur emploi sur ce type de poste est un moyen de rester dans la ville et dans leur milieu et non pas de satisfaire de hautes ambitions financières. Ils ont *a priori* une perception positive du système CRM qui pourrait faciliter leur travail quotidien quand il requiert parfois de recevoir de l'information d'autres postes ; il pourrait aussi, à l'occasion, rendre plus visible leur contribution, qui reste jusqu'alors largement ignorée des autres acteurs. Finalement, ils ne représentent aucun enjeu particulier quant à l'utilisation du système car ils ne contrôlent rien qui soit unique et par conséquent indispensable à la vie de cette collectivité.

C'est donc bien avec ceux qui maîtrisent et monopolisent l'accès au client que l'organisation doit négocier pour reconquérir la conduite de ses propres activités. Elle ne mène pas cette négociation en position de force, tant le pouvoir s'est déplacé vers le niveau local. Pouvoir n'est pas hiérarchie : c'est une donnée de base de la vie des organisations. Pourtant, celles-ci ne cessent de « regarder vers le haut » et sous-traitent parfois de façon laxiste les tâches opérationnelles, réputées de peu d'intérêt dès lors qu'on les compare à la majesté de la conception d'une stratégie.

Or, définir une stratégie alors qu'on a laissé à d'autres la maîtrise de ce qui est essentiel pour la vie de l'organisation, de son « cœur de métier » comme on dit, c'est se mettre soi-même en situation de grande vulnérabilité et risquer de payer le prix fort pour simplement pouvoir faire ce que l'on doit faire. Et encore faut-il qu'il y ait quelque chose à négocier avec ceux qui ont le pouvoir réel, ce qui peut se révéler impossible si ces derniers ne visent qu'à préserver leur autonomie.

L'intégration, instrument de la reconquête

Reconquérir le pouvoir sur des acteurs ou des unités qui ont pris leur autonomie parce qu'ils contrôlaient l'accès au client fait partie de ce que les entreprises appellent dans leur vocabulaire spécifique « aller vers plus d'intégration ». C'est une tendance qui mérite discussion, car c'est plutôt la rhétorique de la décentralisation qui tenait jusque-là le haut du pavé. Celle-ci était supposée garantir des comportements d'« entrepreneurs » au sein d'entités qui ne cessaient de grossir, l'initiative individuelle locale devant compenser la tendance à la bureaucratisation des nouveaux monstres issus en particulier de fusions et acquisitions. On pourrait faire un parallèle savoureux entre cette volonté de maintenir des unités disposant d'une grande capacité d'initiative et tous les discours qui étaient tenus à la même époque sur les « groupes autonomes de travail » à propos de la population ouvrière. Dans les deux cas, l'initiative locale devait l'emporter sur l'« alignement global ». Ce qui fait que les deux approches sont identiques, c'est qu'elles sont contextuelles. Elles se sont développées dans des environnements économiques où les entreprises avaient assez de ressources pour couvrir les coûts générés par l'autonomie des individus ou des unités. Rappelons que si aujourd'hui on en appelle moins à l'autonomie qu'à la coopération, c'est que cette dernière est un vecteur de réduction des coûts.

Les ressources s'étant progressivement taries, il a fallu beaucoup « mutualiser » (les services partagés par exemple), contrôler, harmoniser, procédés que les entreprises recouvrirent du terme pudique d'« intégration ». Il ne faut pas s'y tromper : en ce début de siècle, c'est la préoccupation dominante des deux côtés de l'Atlantique (les pays émergents ont bénéficié des « courbes d'apprentissage » des pays développés) et ce quel que soit le secteur d'activité. Les banquiers veulent être intégrés, au même titre que les fabricants de moteurs d'avions ou de turbines de sous-marins, et les entreprises de service le souhaitent tout autant.

L'observateur curieux s'étonne parfois – à juste titre – de cette volonté acharnée des entreprises de veiller à ce que tout se passe de la même façon partout. Ce n'est pas une volonté « esthétique » qui s'exprime ici, qui voudrait que si tout fonctionne de la même façon l'ordre l'emporte sur le désordre, pour satisfaire les obsédés du « Je ne veux pas voir une seule tête dépasser ». Même si Robert Reich a démontré que l'organisation actuelle des entreprises découle du fait qu'à la fin de la Seconde Guerre mondiale elles étaient toutes dirigées par des militaires[1], nous n'en sommes pas là ! L'intégration est un mécanisme destiné à récupérer un contrôle perdu dans les années fastes. On comprendra que les acteurs concernés aient quelques réticences à y adhérer ; et ce d'autant plus qu'il s'agit de renouer la relation à un client qui, nous le verrons plus loin, réclame des solutions

1. Robert B. Reich, *The Work of Nations. Preparing Ourselves for the 21st Century Capitalism*, New York, Alfred A. Knopf, 1991.

toujours plus intégrées pouvant difficilement être fournies par des unités focalisées sur un seul produit. Être plus intégré signifiera donc perdre de l'autonomie et partager un client qui est pourtant l'acquis le plus précieux pour la garantir.

Ce sont toutes les difficultés à mettre en œuvre cette intégration qu'illustre le cas de l'un des leaders mondiaux des installations électriques complexes. Cette entreprise « globale[1] » a entrepris de redéfinir son approche commerciale en passant d'une logique initiale très orientée vers les produits qu'elle fabrique et distribue à une logique davantage tournée vers les clients et les solutions qu'ils attendent. La démarche n'a rien de surprenant : malgré les réticences qu'elle suscite dans le groupe, nous avons vu qu'une telle perspective fait intrinsèquement partie de l'évolution qui touche tous les secteurs de l'économie marchande, à l'exception notable de ceux qui sont (encore) en situation de monopole. Les entreprises font face à des clients de mieux en mieux informés, à qui de multiples choix sont offerts et qui ont appris à rationaliser les achats afin de gérer leurs investissements au plus juste. Il n'y a aucune raison pour que cette entreprise soit préservée de ces évolutions.

C'est d'ailleurs bien ce que constatent les dirigeants : les trois quarts du chiffre d'affaires se font dans les « petites affaires » (ce qui est normal dans le secteur du matériel électrique) et seule une réelle proximité avec le client, au jour le jour, permet de repérer et de saisir les opportunités. De même, ils observent que la multiplicité des représentants intervenant chez un client est source de confusion, quand elle ne permet pas à ce client de « jouer » les uns contre les autres et de tirer parti de la faible intégration du fournisseur. Les constructeurs automobiles furent les premiers à comprendre les dangers que générait une telle situation dans la

1. Ce travail a été effectué en 2007.

gestion des relations avec les fournisseurs et ils y remédièrent par la création de leurs « technocentres ».

Enfin, le renforcement permanent des normes de sécurité en matière d'installations électriques demande une grande prudence dès lors qu'il s'agit de recourir à des agents, des intermédiaires, des revendeurs ou des installateurs locaux. Cela exige une maîtrise complète et quotidienne de la relation au client et la redéfinition des modes qui permettent d'avoir accès à lui. D'où le double projet des dirigeants : délocaliser les forces de vente pour être au plus près du client (elles étaient alors pour partie au siège des divisions et pour partie sur le terrain) et mutualiser ces forces de vente afin d'en réduire les coûts et de diminuer le nombre d'intervenants auprès du client.

Mais, comme toujours dans la vie des organisations – et dans la vie tout court –, la justification intellectuelle d'un projet ne suffit pas à le rendre acceptable aux yeux des acteurs concernés, surtout lorsqu'il doit se traduire par une mutualisation de ressources commerciales qui, jusque-là, étaient dispersées entre les différentes *business units* : cela remet en question l'instrument qui permet à nombre d'acteurs de construire leur performance, sur laquelle ils sont évalués et rémunérés et qui conditionne par ailleurs l'avancement de leur carrière.

C'est sans doute ce qui explique qu'aucun des interlocuteurs de « terrain » n'éprouve le moindre sentiment de menace sur ses activités et donc aucun sentiment d'urgence dans la mise en œuvre du projet. Même si tous s'accordent à dire que, depuis plusieurs années, la croissance organique de l'entreprise stagne, ils n'en attribuent jamais la cause à la fragmentation de leur organisation commerciale. Ils la jugent au contraire performante et adaptée à leur marché. On le comprend : ce sont eux qui l'ont créée et transformée au fil des réorganisations que cette entreprise a connues. Seuls les responsables du projet semblent considérer que les besoins des clients évoluent. Pour le reste, chacun demeure accroché à sa vision et à ses pratiques traditionnelles. Tout juste concède-t-on que la concurrence a entrepris une révolution drastique de son organisation commerciale, mais beaucoup estiment que tout cela n'est qu'un effet de mode.

Au moment de l'intervention, il n'y a donc pas d'organisation commerciale intégrée dans ce groupe, mais *des* gens essaimés qui constituent un maquis dans lequel personne ne se retrouve. Cette diversité – vision optimiste – ou ce désordre incontrôlé – vision pessimiste – constitue une barrière infranchissable pour mettre en œuvre une initiative nécessitant de s'appuyer sur une « vision partagée » des besoins du client. Comme l'exprime un interlocuteur :

> Ce que j'entends sur le projet est très diffus et confus. Il n'y a pas de consensus sur ce qu'il y a à faire. Certains pensent qu'il faudra y aller, mais concrètement, personne n'est d'accord.

Le débat est donc à la fois partial et partiel. Partial, nous avons vu pourquoi ; partiel, parce que les acteurs ne semblent appréhender qu'une composante du projet qui leur est soumis, à savoir la délocalisation des forces de vente. Dès lors, ils occultent une partie essentielle, celle de la mutualisation des forces de vente. Bien entendu, il ne s'agit pas d'un oubli ni d'une communication déficiente, mais d'une posture stratégique. Il n'est pire sourd que celui qui ne veut pas entendre.

C'est bien la raison pour laquelle l'idée de délocaliser les forces de vente pose peu de problèmes et fait même d'autant plus facilement l'objet d'un consensus explicite qu'elle entérine une pratique déjà existante et ne remet pas en cause l'autonomie commerciale des « lignes-produits ». Chacun peut la mettre en œuvre comme il l'entend vers les pays qui lui paraissent les plus importants pour sa propre entité. En d'autres termes, cette délocalisation ne suppose pas la prise en compte d'un intérêt collectif « supra-national » ; pas plus qu'elle n'implique l'hypothèse d'un client qui souhaiterait s'adresser à un interlocuteur unique ou être appréhendé par l'entreprise dans sa globalité. Autant dire que cette « délocalisation dans l'autonomie » consacre la primauté donnée à l'approche produit par opposition à l'approche client. Elle montre que, pour les acteurs des unités, l'idée de se rapprocher géographiquement du client n'est pas liée à une compréhension nouvelle de ses besoins, ni surtout à la nécessité de le considérer de façon « intégrée ». Elle ne remet pas en cause la segmentation protectrice en « lignes-produits », d'autant plus jalouses de leur autonomie *via* la maîtrise de « leur » client que, à leurs yeux, l'état de leurs carnets de commandes ne nécessite aucun recours à la solidarité ou à l'aide du reste de l'entreprise. On est ici à l'exact opposé de la rhétorique managériale dominante.

Délocalisation n'est pas mutualisation

En approfondissant l'analyse, on comprend que la délocalisation fait office de « stratégie alternative » à une éventuelle « obligation de coopération » inter-unités, perçue par définition comme une menace. C'est pourquoi bon nombre des interlocuteurs affirment à propos du projet « qu'ils l'avaient déjà mis en œuvre » et que de nouvelles initiatives ne changeraient donc rien pour eux. Tout juste les plus lucides soulèvent-ils quelques problèmes techniques posés par la délocalisation : ainsi, le fait que le *front office* soit délocalisé alors que le *back office* reste dans le pays d'origine pourrait rendre complexe la rédaction des offres.

De même, au siège des unités, voit-on apparaître la crainte qu'un « sous-prolétariat » commercial n'émerge, constitué de ceux qui, n'étant pas sur le « terrain », devraient travailler sous les ordres de ceux qui sont au contact direct et quotidien du client.

Mais globalement, et avec quelques nuances qui tiennent avant tout à la taille et à la « santé » des unités, l'absence de sentiment d'urgence ou de nécessité est un frein puissant à l'acceptation du projet. Cette posture stratégique, qui vient de ce que les acteurs anticipent bien mieux les coûts (la perte de l'autonomie) que les avantages (le développement de leur activité), se trouve en contradiction avec les sentiments de ceux – très minoritaires – qui ont déjà expérimenté la mutualisation des ressources commerciales. À peu de chose près, ils en tirent des leçons très positives. Cependant, au moment de l'étude, la méfiance et l'opposition dominent. C'est d'autant plus vrai que la réticence n'est pas l'apanage de quelques « barons », mais qu'elle est partagée par un petit groupe de dirigeants, pourtant en charge de l'intérêt général. Le comité exécutif lui-même ne s'accorde à peu près sur rien, et en tous les cas pas sur le caractère d'urgence et sur la nécessité de gérer autrement la relation au client : ses membres ne se trouvent pas dans des situations identiques sur leurs propres marchés et font montre du même égoïsme paroissial que leurs subordonnés. Car, contrairement aux discours que véhiculent des visions superficielles du monde de l'entreprise, « ça » ne dépend pas des « hommes », mais bien des façons dont ils sont évalués par leurs chefs ou leurs actionnaires, ce qui les conduit à ces comportements particularistes et à très court terme. Dans ces conditions, le projet a bien du mal à établir sa légitimité et génère des alliances de circonstance.

Car si la délocalisation ne dérange pas grand monde, la mutualisation, elle, est perçue avec beaucoup de scepticisme ; elle suscite au mieux prudence, au pire, et le plus souvent, opposition.

L'une et l'autre viennent des unités dites « classiques », qui constituent le cœur de l'entreprise. Celles-ci ne perçoivent pas leur intérêt dans cette affaire et veulent garder une maîtrise totale de leur action commerciale. Les directeurs de région (une région recouvre une partie du monde), fonction nouvellement créée pour assurer cette fameuse intégration et « chapeauter » les pays, adoptent immédiatement une stratégie consistant à éviter de se couper trop vite des unités qui dans l'immédiat et jusqu'à une échéance encore indéterminée ont le pouvoir. Deux alliances se dessinent dans l'entreprise, qui traduisent toutes les deux le rejet du projet. Elles illustrent à quel point les acteurs les plus forts anticipant un possible affaiblissement se sont battus pour conserver ce que le laxisme antérieur leur avait permis de conquérir et de « verrouiller ».

La première alliance, « forte », unit sans surprise les pays et les unités, chacun profitant de l'occasion pour s'affranchir de sa tutelle, les régions pour les premiers et les lignes-métiers (qui regroupent plusieurs unités) pour les secondes. C'est un grand classique de la vie des entreprises : des patrons de pays d'autant plus offensifs qu'ils contrôlent le *business* au jour le jour et des unités qui s'efforcent de rejeter les « lignes-métiers » dont elles dépendent dans un vague rôle *corporate*, terme qui désigne « ceux qui passent leur temps à mettre des bâtons dans les roues de ceux qui font vivre la maison ». Il faut d'ailleurs observer que les patrons commerciaux de ces divisions sont déjà en position de retrait : j'ai pu constater qu'ils étaient sur-occupés, toujours en voyage… mais incapables durant les entretiens de décrire concrètement ce qu'ils faisaient. C'est un signe qui ne trompe pas. Il caractérise des acteurs qui compensent par une activité désordonnée leur absence de pouvoir effectif sur la marche des choses. Tout le monde sait que, dans les entreprises, on est d'autant plus débordé que l'on n'a pas grand-chose à faire ! Dans ce cas, il s'agit donc d'une fonction qui « court derrière », derrière l'information, derrière les contrats, derrière ceux qui gèrent la relation avec le client. Résistance des pays, résistance des unités, on voit la force de cette double opposition à la partie du projet qui ne convient pas à ces acteurs dominants.

Par comparaison, l'alliance entre les directeurs de région et les lignes-métiers peut être qualifiée de « faible », car dans ce projet dont on ne retient (et n'accepte) que l'aspect délocalisation et proximité géographique avec le client, elle unit ceux qui en sont éloignés.

C'est donc bien la lutte pour les territoires qui induit la position de chacun vis-à-vis du projet « intégrateur ». Il est « instrumentalisé » par des acteurs qui en font une utilisation très politique, au sens étymologique de « gestion de la cité ». L'exemple le plus étonnant est celui de pays opposés à l'intégration « par le haut » (la région), qui utilisent le projet pour asseoir leur autorité sur des pays plus petits, dont ils estiment qu'ils relèvent de leur sphère d'influence. Mais que dire encore des lignes-métiers qui souhaitent ne retenir du projet que ce qu'elles veulent, au gré de leurs besoins, et n'acceptent elles-mêmes une mutualisation qu'à condition d'en avoir le *leadership* ? En somme, le projet devrait se résumer à consolider le pouvoir des plus forts. On est très loin de l'« orientation client » et de ses exigences en matière d'organisation !

On peut donc en dernière instance s'interroger sur la possibilité réelle de mettre en œuvre un projet aussi intégrateur dans une organisation aussi émiettée que celle-ci, surtout lorsque les acteurs soulèvent la question du « Pourquoi tout changer quand tout va bien ? ». Le débat réel ne porte donc pas sur le projet lui-même dont, *in fine*, personne ne se préoccupe vraiment, à l'exception notable de quelques dirigeants qui anticipent les limites du fonctionnement en cours. Il ne porte que sur le degré d'intégration et de coopération que les uns et les autres sont prêts à accepter. Or, pour tout dire, il est très faible. Une vraie « orientation client », nous l'avons dit, remet en question des situations d'autonomie conquises au fil du temps, enracinées dans ce qui constitue le « nerf de la guerre », c'est-à-dire le contrôle effectif de ce client, et qu'on a laissé dériver vers des situations monopolistiques qui sont autant de bastions impossibles à reprendre. Il ne reste plus à cette entreprise qu'à attendre une crise majeure qui permettrait de redistribuer les cartes, ou à entrer – ce qui fut le cas – dans un processus de négociation long et tortueux dont le projet initial sortirait difforme et probablement inodore, incolore et sans saveur. Le laisser-aller d'hier rend le coût du changement prohibitif aujourd'hui.

DEUXIÈME PARTIE

Comment les entreprises ont perdu le contrôle d'elles-mêmes (2)
L'encadrement de proximité sacrifié sur l'autel des bureaucraties intermédiaires

CHAPITRE IV

Le sacrifice de l'encadrement de proximité

L'encadrement de proximité détient les clés du succès : il faut le soutenir, le « valoriser », lui donner les moyens d'exercer un pilotage effectif des opérations qui lui sont confiées. Si les entreprises redécouvrent ce thème aujourd'hui, ce n'est pas une surprise, mais la conséquence de la perte de contrôle généralisée qui conduit les dirigeants à fuir les bureaucraties dévorantes pour se tourner vers ce qui est perçu comme une garantie de simplicité. Le « toyotisme[1] » lui-même n'y est pas pour rien puisqu'il fut en partie à l'origine de cette idée que ceux qui sont au contact direct des « opérateurs » peuvent en tirer le meilleur parti.

Mais là encore nécessité fait loi. Qui mieux que cet encadrement intermédiaire, qui vit au plus près de la réalité quotidienne tant redoutée – celle du client, de la maîtrise des coûts de production et du travail –, peut aider les entreprises à reconquérir le terrain perdu ? On s'est beaucoup soucié de stratégie, matière noble s'il en est ; on a investi force ressources et matière grise dans la gestion financière parce que marchés et analystes

1. Le toyotisme est une forme d'organisation du travail dont l'ingénieur japonais Taiichi Ono est considéré comme le père. L'application formelle du toyotisme chez Toyota se nomme le « système de production Toyota » ou TPS (en anglais Toyota Production System). C'est un système qui donne la priorité aux opérateurs dans la recherche de la qualité totale au moindre coût.

l'exigeaient (et l'exigent toujours). Il faut désormais revenir vers les opérations, un peu comme si l'on redécouvrait tardivement les vertus de la « pyramide inversée », chère à la compagnie aérienne SAS et à son patron mythique, Jan Carlzon. Le chemin sera long ! Mais ne soyons pas naïfs : avec un peu de recul, on voit bien qu'il s'agit là d'un mouvement de balancier classique dans la vie des organisations.

Dans un premier temps, elles ne résistent pas à la tentation de la centralisation. Poussée à l'extrême, celle-ci produit l'effet inverse de celui recherché : elle dilue le contrôle effectif de l'organisation concernée ; il faut alors en revenir au « terrain » pour contenir les effets coûteux (et destructeurs de qualité) de la phase antérieure. C'est là que les difficultés commencent, car il faut remettre en cause des situations acquises et mobiliser des acteurs auxquels on n'a jusque-là prêté qu'une attention marginale.

Peut-on faire confiance aux « gens d'en bas » ?

L'idée de se tourner vers les « gens d'en bas » n'est pourtant pas naturelle. Même dans le secteur dit de la « nouvelle économie » on a pu observer que, passé la phase pionnière, les entreprises se « structurent » (en fait se hiérarchisent) en multipliant les échelons (les bureaucraties) intermédiaires, « musclent » les services fonctionnels, les « fonctions support », les nomenclatures et les procédures de contrôle de leurs activités. Le pouvoir commence alors à se diluer, chaque échelon cherchant à s'en attribuer une parcelle. Ainsi s'élabore un paradoxe qu'il faudra affronter dès que s'exprimera le besoin de retrouver la maîtrise : arrivé au niveau de l'encadrement de proximité, il ne reste pas grand-chose de ce pouvoir évanoui dans les arcanes des différents niveaux, fonctions et règles générales qui ne laissent au responsable local que bien peu de marges de manœuvre. Or, dans le même temps, les agents, opérateurs ou producteurs qui assurent la production du bien ou du service que l'entreprise va mettre sur le marché ont gardé, eux, un pouvoir considérable, dont nous avons vu qu'il leur a notamment permis de décider de leur propre rythme de travail. Comment ces « chefs d'équipe », « chefs d'atelier » et autres « directeurs d'établissement » pourraient-ils dès lors obtenir de ceux qu'ils « encadrent » rigueur et discipline autrement que par une pénible et répétitive négociation dans laquelle ils sont en situation d'infériorité ?

D'autant que les services de gestion des ressources humaines ne les ont pas aidés. Ce sont eux qui ont le moins résisté à la tentation centralisatrice, poussés qu'ils furent par leur partenaire privilégié, les organisations syndicales, avec lesquelles ils se sont entendus pour cogérer les personnels et, ce faisant, se renforcer mutuellement. Comme toujours, cette logique a joué avec des intensités variables. Mais la gestion des relations avec les « partenaires sociaux » (le terme est explicite) est devenue une activité primordiale des fonctionnels de siège, qui se sont organisés, diversifiés, hiérarchisés pour y faire face. Encore faut-il noter que cette gestion fut longtemps marquée par un principe égalitaire, consistant autant que possible à traiter tout le monde de la même façon, quels que soient par ailleurs les résultats obtenus. L'exclusion de l'arbitraire – c'est-à-dire en fait du libre arbitre – dans la gestion des individus prive *de facto* le management, celui de proximité surtout, de tout pouvoir réel. Il n'a plus alors qu'à se réfugier dans la technique (là où il peut encore apporter quelque chose) ou dans la politique qui permet parfois d'obtenir ce que l'on ne devrait pas avoir à demander.

Ajoutons que, dans les entreprises, le pouvoir (quelquefois symbolique) s'exprime également dans les termes célèbres de

Staline à propos du Vatican : combien de divisions ? Il faut conquérir des territoires, s'assurer leur contrôle, être sûr qu'ils sont « alignés », ce à quoi on devrait de nouveau parvenir par la production de règles, de procédures et de processus centralisateurs. Il ne reste finalement pas grand-chose au responsable de proximité dans ce déluge, auquel s'ajoutent les innombrables demandes d'informations et de statistiques qui lui parviennent jour après jour, sans compter les visites fréquentes de ceux qui veulent pouvoir dire qu'ils sont allés sur le « terrain ». Il est balayé par ces « bureaucraties intermédiaires » (voir *infra*) qui vivent de la complexité qu'elles s'évertuent à créer jour après jour et dans laquelle elles sont les seules à pouvoir donner à penser qu'elles s'y retrouvent. Il me revient en mémoire le cas de cette grande banque de la place dont le dirigeant principal voulut un jour renforcer le « contrôle de gestion » pour s'assurer que les chiffres qu'il recevait étaient exacts. Sage précaution… Toutes les unités, tous les services se mirent avec frénésie à élaborer leur propre contrôle de gestion local, chacun y ajoutant sa touche personnelle, qui une information supplémentaire, qui un ratio indispensable. Le résultat fut catastrophique. L'empilage de ces initiatives prises par les bureaucraties disséminées dans l'organisation donna naissance à un monstre inutilisable qu'il fut ensuite bien difficile d'abattre. Longtemps la banque traîna derrière elle ce boulet.

Mais avant d'en faire aujourd'hui le pilier de la reconquête, a-t-on réellement fait confiance à ce management de terrain ? Pas vraiment, tant que ce ne fut pas nécessaire. Ce management a-t-il seulement une distance suffisante par rapport à ceux qu'il doit diriger ? La vue partielle des activités qui est la sienne lui permet-elle de prendre des décisions conformes à l'intérêt général ? Pas sûr… Mieux vaut alors piloter le pilote et encadrer l'encadrant. Soudain, voici que la machine s'emballe dans l'autre sens, comme les entreprises savent si bien le faire en vertu d'une grégarité sans égale. Celui à qui on a tout pris, on va maintenant tout lui donner. On va à lui comme les bourgeois de Calais reçurent l'Anglais : avec les clés de l'entreprise sur un plateau de tissu précieux. À lui de faire ! Il n'a qu'à dire ce dont il a besoin et il l'aura. Et pourtant, ce n'est pas si simple.

Dans ce chapitre, je vous invite à un triple voyage au sein des entreprises. Au cours du premier, vous verrez que l'on peut « tuer » l'encadrement de proximité, dès lors que les bureaucraties intermédiaires deviennent autonomes et n'ont aucune limite au développement de leurs territoires ; le deuxième illustrera combien il est alors difficile de remobiliser un encadrement à ce point échaudé qu'il craint l'eau froide du réinvestissement ; le troisième montrera que c'est néanmoins possible à condition de savoir contourner les oppositions de tous ceux qui anticipent leur propre « dépouillement ».

Le premier voyage nous emmène donc chez les directeurs d'agence d'une banque qui possède un réseau remarquablement dense sur son territoire national[1]. Elle pratique, par l'intermédiaire de ses agences, une politique originale de proximité avec ses clients professionnels : elle visite quotidiennement les plus importants d'entre eux pour collecter les chèques de la journée et, ce faisant, gagne une journée sur les dates de valeur.

L'enquête elle-même se révèle délicate : non seulement cette population est mal connue de ceux qui sont censés la gérer (la direction centrale des ressources humaines), mais encore elle reste difficile d'accès. L'échantillon élaboré avec les responsables du siège s'est avéré contenir des erreurs non anecdotiques : certains ne sont plus à ce poste depuis longtemps, d'autres ont été mutés. L'information pertinente est en fait détenue par leur

1. Ce travail a été réalisé en 2008.

direction régionale qui les connaît et auxquels eux-mêmes s'adressent, mais en aucun cas par le niveau *corporate* qui ne parvient pas à actualiser la liste de cet encadrement de proximité.

De même, il est difficile de les joindre et donc de les voir : téléphones muets, absence de répondeur, prise de rendez-vous compliquée. La première image n'est vraiment pas celle d'une organisation réactive et dynamique. En revanche, on a vite l'impression d'une population d'individus disposant d'une grande autonomie, notamment dans l'organisation quotidienne de leur travail. En outre, la masse des directives et des demandes qu'ils reçoivent des niveaux supérieurs (région et direction du réseau) – qui, étant eux-mêmes segmentés, ne se parlent pas et sont donc incapables de prioriser leurs « besoins » – leur ouvre une marge de manœuvre : il est bien connu que le fonctionnement en silos du sommet accroît la capacité de choix des niveaux opérationnels.

La dépendance solitaire

Et pourtant, tout cela est bien peu de chose au regard de la situation de dépendance et d'extrême solitude dans laquelle se trouvent ces directeurs d'agence et du peu d'aide réelle et utile qu'ils reçoivent des autres niveaux ou services. Cette « dépendance solitaire » ressort de façon exceptionnelle de toutes les observations.

La population des directeurs d'agence se caractérise par une grande qualité intellectuelle et humaine : parfois diplômés de l'enseignement supérieur, ils témoignent d'une vraie fidélité et d'un fort attachement à leur entreprise. Ils trouvent évident d'avoir à se frotter à une sévère concurrence et donc de devoir en permanence rechercher une amélioration de la productivité du travail et de la qualité de service. À ce sujet, l'adhésion est générale et peut se résumer par ce simple témoignage :

> Avant, on parlait de qualité de service et d'accueil. Maintenant, on parle de plus en plus de productivité. On est bien obligé de s'adapter à un environnement qui change en permanence. Je le fais aussi parce que la banque m'a fait confiance, elle m'a fait évoluer. C'est une boîte sympa dans laquelle on apprend beaucoup de choses.

On pourrait multiplier ces déclarations enthousiastes à faire rougir de plaisir les dirigeants, et pourtant le souhait le plus unanimement exprimé par ces directeurs est… de quitter ce poste aussitôt que possible et, en tout état de cause, de ne pas s'y attarder ! Les commentaires évoquent tous l'épuisement rapide, le sentiment d'impuissance, la solitude et le dénuement dès lors qu'il s'agit d'assurer ces tâches de management qui sont leur principale motivation en acceptant cette responsabilité.

Pourquoi ce décalage ? Que s'est-il passé pour que ces directeurs enthousiastes en arrivent à souhaiter quitter au plus vite ce qui s'est révélé être un piège ? Tous dénoncent la solitude, et surtout la dépendance extrême dans laquelle ils se trouvent.

La solitude se traduit par un sentiment d'abandon et d'incompréhension de la part des autres niveaux et il apparaît très vite que la logique de management mise en place par le réseau est à l'origine de cette souffrance. Contrôles tatillons, normes de gestion pusillanimes (a-t-on droit à un café quand on déjeune à l'extérieur ?), non-écoute dès que l'un des directeurs soulève un problème réel… Les témoignages se passent de commentaire.

> J'aimerais vraiment qu'ils [les chefs] viennent voir comment ça se passe. Ça les rendrait peut-être plus raisonnables.

> On est vraiment trop lâchés sans aucun moyen. Personne ne se soucie de la situation des agences. D'ailleurs mon poste est très solitaire. Ma chef me donne un peu d'information descendante, elle m'écoute parfois mais ne m'apporte pas beaucoup d'aide pour résoudre mes problèmes. On ne se voit presque jamais et on ne mange jamais ensemble.
>
> On ne communique que par mails avec la hiérarchie. On est esseulé. On n'a pas d'appui. Si on a des problèmes, des absents, on doit se débrouiller.

C'est donc bien le mode de fonctionnement de l'organisation qui génère la solitude. Empreint d'un grand formalisme, il est « déshumanisé » par l'usage immodéré de la communication électronique, si envahissante qu'elle empêche celui qui la reçoit de démêler ce qui est important de ce qui ne l'est pas. Qui plus est, tous ces messages, demandes, injonctions ne portent jamais sur les problèmes des directeurs. On peut appeler cela le « syndrome du bout de chaîne » : chacun, ailleurs dans l'organisation, s'active, lance des initiatives, pense avant tout à se « couvrir », mais personne ne se soucie vraiment des effets de cette agitation sur ceux qui gèrent les unités opérationnelles. Ceux-ci comprennent que leurs problèmes n'intéressent personne et, lorsqu'ils tentent de les exprimer, obtiennent au mieux une oreille distraite, au pire une étiquette de « pleureur permanent ». Un véritable sentiment d'exclusion se développe donc chez eux, renforcé par leur situation de « dépendance multidirectionnelle » qui les écrase, tant elle donne aux autres – à tous les autres – la possibilité d'externaliser sur eux leurs dérives bureaucratiques.

Ils dépendent d'abord de tous les services amont de la banque, ceux qui élaborent les produits par exemple. Mis en concurrence pour que « leurs » produits soient distribués en priorité et avec le plus de dynamisme possible, ils effectuent sur les agences une pression incessante. Comme le dit l'un des directeurs :

> Chaque ligne de produit est indépendante et a ses propres objectifs sur lesquels sont calculés ses bonus. On est en concurrence interne car c'est sur ces produits qu'on est nous-mêmes rémunérés. On se pique même des clients entre agences. Et on n'a pas le choix des produits à proposer. On est objectivés [!] dessus et je ne peux pas refuser. Ça tue l'initiative locale.

La dépendance vis-à-vis des commerciaux, elle, est particulièrement nuisible pour la gestion des clients professionnels qui constituent la cible privilégiée de la banque, cible que ces commerciaux visitent aussi souvent que possible, tous les jours parfois, lorsqu'il faut par exemple collecter les chèques. Or, une grande partie de ces « pros » sont de petits commerçants qui gèrent leur trésorerie au plus juste. Beaucoup d'entre eux ont rejoint la banque pour bénéficier de ce service, unique à notre connaissance. Mais encore fallait-il que le reste de l'organisation suive, la collecte des chèques n'étant que la partie émergée et sans doute la plus facile du service rendu. Bien souvent ce n'est pas le cas, et le client irrité par cette promesse non tenue ne peut s'en prendre qu'à celui qu'il a en face de lui : le directeur d'agence qui n'en peut mais. Or, le client apprend vite. Il sait sur quel opérateur il peut compter, celui à qui il confiera le plus volontiers ses opérations à haute valeur ajoutée. À l'autre, celui qui lui a fait des promesses non tenues, il confiera les activités simples, routinières, sans grand intérêt commercial. Voilà comment l'absence d'intégration d'une organisation peut à la fois condamner une initiative commerciale heureuse et « tuer » celui qui en est le porteur auprès du client.

Ces multiples dérives ne relèvent pas du directeur d'agence, même si c'est lui qui en souffre tous les jours face au client. Elles sont le fait d'une organisation qui n'a pas su – ou pas pensé ou pas voulu – adapter son fonctionnement à sa stratégie et qui fait supporter à l'échelon inférieur les conséquences de sa réticence à remettre en cause ses segmentations, ses hiérarchies et ses territoires traditionnels.

Plus frappant encore : l'extrême dépendance, donc l'extrême fragilité, de ces directeurs au sein même de leur agence. Faiblesse de leurs moyens d'action sur les agents – ceux qui reçoivent les clients au guichet en particulier –, nécessité permanente de composer avec les personnels, d'en appeler à une bonne volonté qui n'est accordée que de façon parcimonieuse. Écoutons la litanie :

> Ils me disent que dans la description de leur poste, il n'y a pas le mot « vendeur ». Je me demande tous les jours comment faire pour qu'ils bossent. J'ai l'impression de parler à des murs.
>
> À chaque grève, je n'ai que des grévistes. Ils font grève, histoire d'avoir un jour. C'est épuisant ! Et que voulez-vous que je fasse quand j'ai deux personnes, toujours les mêmes, en arrêt maladie ? Je demande des remplaçants, mais bien sûr on ne m'envoie jamais personne.
>
> Il y en a même qui font la grève des ventes au guichet ! Sans le dire bien entendu et pourtant ils ont signé une lettre de performance. En plus ils sont à la réception des clients, mais jamais un sourire. Ils ne sont pas aimables.

Ce sont ces agents qui leur posent le plus de problèmes. Certes, leur travail est parfois long (opérations chronophages), répétitif, et les produits qu'ils sont amenés à vendre sont de peu d'intérêt comparés à ceux proposés par les vrais commerciaux, ceux qui visitent les clients. De plus – situation bien connue –, la gestion des personnels n'a que peu à voir avec les « nécessités du service ». Elle est planifiée et bureaucratisée au point que l'un des directeurs interviewés nous fit remarquer que « pour remplacer correctement les malades, il faudrait que les maladies des uns et des autres aient été prévues et planifiées en début d'année ! ».

Dans un tel contexte, qu'attendre de salariés installés dans une routine protectrice dont ils ne souhaitent pas sortir ? Pour ces employés du guichet, tout est bon pour éviter une quelconque demande ou pression dont ils anticipent bien vite qu'elle restera sans contrepartie. C'est ainsi que tous s'installent dans une partie de « cache-cache », un jeu perdant-perdant au sein duquel la hiérarchie, qui ne fournit pas les volants nécessaires pour pallier un absentéisme endémique, espère obliger le directeur à « prendre ses responsabilités » et à trouver des solutions sur le terrain ! Mais celui-ci, complètement démuni, ne peut guère plus que se réfugier derrière le badge qui indique sa fonction, et parer au plus pressé.

Directeurs et agences sont le dernier maillon d'une chaîne qui externalise (à nouveau) les conséquences de son fonctionnement vers ses « frontières », qui deviennent alors comptables du résultat final, tant vis-à-vis du client que de leur propre hiérarchie. Que cela provoque lassitude et découragement, on peut le comprendre.

La hiérarchie quant à elle se fait le relais des multiples pressions provenant de tous côtés : faire ceci, faire cela, donner des renseignements, remplir d'innombrables états statistiques, toutes choses qui se cumulent mais dont personne, hors de l'agence, ne mesure précisément le travail qu'elles induisent.

Mieux encore : la rhétorique de l'autonomie du management de proximité, dont la banque tire une grande fierté, est largement contredite par des pratiques de contrôle bureaucratique et par une absence de confiance généralisée. Écoutons, à ce sujet, le « cri » des directeurs :

> On fait valoir le rôle du management de proximité, mais on est de moins en moins responsabilisés. Je ne peux même pas faire des courriers à mes clients sans qu'ils aient été visés par quelqu'un d'autre ! On nous prend pour des mômes ! Et on nous oblige à assister à des formations pitoyables dans lesquelles on perd notre temps.
>
> Dans cette banque, c'est très hiérarchisé. Il y a les stratèges et les exécutants. C'est nous. Mais nous ne sommes jamais associés à rien. On est dans le « y a qu'à, faut qu'on ». Je m'attendais à plus de marge de manœuvre. On ne nous laisse prendre aucune initiative ou alors c'est très contrôlé.
>
> Directeur d'agence, c'est un travail très dense, épuisant physiquement. Mais c'est très peu valorisé. On reçoit cent mails par jour de tout le monde mais personne ne s'en rend compte. On nous dit : « De toute façon, vous devez tout faire. » Et on n'arrête pas de nous dire qu'on n'a pas fait ceci ou cela. On a toujours le sentiment d'être en faute.

Certes, pour « compenser », on est allé chercher dans les recettes managériales des outils de gestion supposés participatifs : les « briefs », les « débriefs », les « reporting » quotidiens, qui rappellent à s'y méprendre les rituels du toyotisme de base. Et là encore, tout est stéréotypé, rien n'est intégré ou différencié. Les diverses strates hiérarchiques considèrent que le réseau est là pour appliquer ce qu'elles ont décidé. Aussi, quels que soient les besoins ou les zones de chalandise, tout le monde doit être logé à la même enseigne. On applique aux clients les mêmes principes égalitaires qu'on applique aux personnels.

Même la création de « plates-formes » destinées à doter les agences d'un *back office* performant qui les dispense des tâches inutiles finit par produire les effets inverses de ceux escomptés. Elles prennent leur autonomie, établissent des normes, des procédures et des modes de fonctionnement qui correspondent à leurs besoins, à leur rythme de travail et auxquels, à nouveau, les agences doivent s'adapter : faire faire le ménage dans une agence, ce qui relève de la plate-forme, devient par endroits un casse-tête quotidien.

Une situation « victimaire »

Bref, par quelque bout qu'on le prenne, c'est toujours le même film qui se déroule : des bureaucraties intermédiaires qui « vivent leur vie », s'agitent, se réunissent, pensent et externalisent sur des unités de base sans défense les résultats de cette activité, virtuelle quant à son utilité mais dévorante quant à ses conséquences.

Il n'est donc pas exagéré de dire que, coincé entre ces strates irresponsables (*stricto sensu*) et des personnels qu'il n'a aucun moyen réel de diriger, l'encadrement de proximité est littéralement broyé, ce qui explique son souhait d'en terminer au plus vite avec cette position intenable.

Reste à examiner les stratégies qu'il développe dans un contexte aussi contraignant. La première ne surprend pas : c'est le retrait. Une partie non négligeable de cette population, les plus actifs, les plus dynamiques et donc les plus facilement reclassables, se lance à la recherche d'une alternative extérieure. Pour eux, le passage par la banque représente une ligne supplémentaire dans le descriptif de leur expérience professionnelle. Pour la banque, c'est une perte sèche. Elle aura servi de centre de formation à des personnels qu'elle aurait intérêt à garder, mais qui s'empressent de la quitter.

Pour les autres, les plus nombreux, ce retrait prend la forme du laisser-faire, du renoncement devant une situation impossible à maîtriser. Ils sont faciles à repérer : ils accueillent le visiteur en lui disant que tout va bien, qu'il n'y a pas de problème et que le personnel est motivé et compétent. La suite de la conversation rétablit rapidement les choses et l'interviewé finit par énoncer toutes les difficultés décrites ci-dessus. Ceux-là ont sans doute cherché à imposer des modalités de travail qui leur paraissaient adaptées, mais ils sont alors entrés en conflit avec les personnels et leurs organisations syndicales, suscitant distance et réprobation de leur hiérarchie. On ne les y reprendra plus.

Une deuxième stratégie consiste à chercher dans la gestion affective une alternative à l'absence de pouvoir réel. On joue alors sur l'« ambiance », le « consensus », pour obtenir l'« adhésion » de personnels face auxquels on est démuni. C'est en quelque sorte une stratégie d'accentuation, pour reprendre une notion que nous retrouverons, que les intéressés décrivent ainsi :

> Ma hiérarchie ne me trouve pas assez autoritaire et me demande pourquoi je ne prends pas plus de sanctions. Mais j'arrive à mes fins par la diplomatie. Au moins, il y a une bonne ambiance dans l'agence.

> J'essaie de trouver des solutions pour obtenir des résultats, mais en privilégiant la gestion non stressante. C'est le management à l'ancienne : je montre l'exemple, je communique beaucoup, je recherche le consensus et l'adhésion. C'est une agence très dure avec une forte tradition syndicale. Je suis moi-même syndiqué. Je ne passe jamais en force.

Sans langue de bois, c'est donc une stratégie conservatrice, fondée sur l'accord tacite que l'on ne touchera à rien et surtout pas aux avantages acquis officiels ou officieux. Elle pousse à l'extrême plus qu'elle ne contrebalance la tendance endogène de l'organisation alimentée jour après jour par le couple personnelsstrates hiérarchiques. Elle consacre l'acceptation par l'encadrement de proximité de sa situation de dépendance et d'isolement. Mais, ce faisant, elle exprime clairement qu'on ne pourra pas demander tout à trac à ces directeurs de passer d'une situation victimaire à un investissement dynamique et enthousiaste au seul motif que l'environnement a changé. L'exemple suivant va nous le montrer.

*

La question posée dans cette entreprise de la grande distribution[1] est de savoir si l'on peut transférer sans difficulté aux directeurs de magasin une responsabilité jusque-là confiée à des « organisateurs » dépendants d'une direction centrale. Ceux-ci sont jusqu'alors chargés de « réorganiser » les magasins et de réaffecter les employés en fonction de la nouvelle configuration. Ils possèdent donc un savoir (les données sur lesquelles se calcule l'efficience d'un magasin) et un savoir-faire (la capacité à interpréter ces données). Cette initiative s'inscrit dans un cadre plus général de rationalisation du travail des employés, de gain de productivité, ce qui suppose que la responsabilité de la configuration des magasins soit peu à peu transmise au management local. À nouveau, dès qu'il s'agit d'obtenir plus des salariés, on passe naturellement le relais à l'encadrement de proximité. La crainte des dirigeants est que ces organisateurs soient très réticents à transférer à d'autres une activité dont ils tirent un pouvoir certain : l'agencement du magasin et les affectations qui en découlent définissent des positions plus ou moins avantageuses, des travaux plus ou moins pénibles et donc une hiérarchie officieuse entre les employés.

1. Ce travail a été mené en 2008.

Il apparaît vite que la réorganisation a pris petit à petit une tournure routinière. Elle s'effectue tous les deux ou trois ans et est très bien vécue par les employés qui craignent plus la mission de l'organisateur (si elle était effectuée selon les principes édictés par la direction générale) que l'organisateur lui-même. Celui-ci a compris depuis longtemps que la logique de l'arrangement doit prévaloir dans ses relations avec les employés. Cela lui permet d'exercer son pouvoir sans prendre le risque de créer des conflits dans ces univers socialement sensibles, ce qui pourrait avoir des conséquences néfastes pour lui. Certains d'entre eux n'hésitent pas à évoquer – au passé bien sur – des réorganisations « à la couleur des cheveux » (à l'ancienneté), indiquant par là que la situation personnelle de l'employé a autant d'importance que la rationalité économique justifiant la « réorg ». On comprend pourquoi la direction a quelques craintes sur leur capacité à abandonner ce pouvoir discrétionnaire.

Et pourtant ! Ce qui apparaît à l'analyse est différent : les problèmes qui se posent lors de la modernisation de la gestion des magasins tiennent sans doute davantage à la capacité des directeurs locaux à s'en emparer qu'à la résistance, très facile à surmonter, des organisateurs à transférer vers les premiers tout ou partie de leur savoir.

Ce constat doit être nuancé. Il existe des franges de directeurs, plus jeunes, bénéficiant d'une première expérience dans des univers souvent plus durs, que la situation actuelle de surprotection des employés irrite ou consterne et qui sont en attente d'autre chose. Voici, à titre d'exemple, ce que dit l'un d'entre eux :

> J'avais envie d'entrer dans une entreprise qui se soucie de son personnel. Mais c'est trop ! On gère notre personnel comme des collégiens. Pas assez de rigueur et de sévérité. On pourrait être plus performant sans cesser d'être attentif aux gens. Des manquements

> professionnels très lourds ne sont pas sanctionnés. On n'est pas un centre de rééducation ou d'aide sociale. En fait, ils n'ont peur de rien puisqu'on ne voit jamais personne se faire licencier. On ne respecte pas le code du travail qui permettrait de prendre des mesures disciplinaires adaptées. C'est pénible et ça a un coût.

Ce que montre ce témoignage, c'est bien que quelques directeurs sont prêts à s'emparer de la responsabilité effective des magasins. Mais il fait surtout apparaître que, dans l'immédiat, ils n'ont pas le soutien de leur hiérarchie pour se lancer dans une autre politique. C'est décidément un syndrome récurrent !

Le pouvoir sans la responsabilité, la responsabilité sans le pouvoir

Regardons vivre plus avant ce système local qui « optimise » la dimension sociale au détriment de l'efficacité économique. Il est caractérisé par une distinction stricte entre les employés (dimension sociale) et l'agencement du magasin (dimension économique). On a admis que ces deux dimensions ne peuvent être gérées par la même personne (pourquoi ?) et que l'ordonnancement de ces points de vente nécessite un savoir-faire, une expérience, que les directeurs ne sont pas censés avoir (!). La gestion des uns (les employés) est confiée aux directeurs de magasins et celle de l'autre (l'agencement) aux organisateurs. C'est donc bien une « hiérarchie implicite » qui se trouve ainsi acceptée, fondée sur une supposée difficulté des tâches, la gestion humaine devant sans doute être moins difficile que la gestion technique.

Petit à petit, on comprend pourtant que la séparation employés-agencement revêt une autre fonction dans ce système, qui est à l'opposé de ce qui vient d'être dit. Elle en assure l'équilibre à la satisfaction générale de tous les acteurs qui ont intégré que *de facto* la dimension sociale l'emportait sur celle du résultat économique. Les acteurs concernés s'arrangent donc pour qu'aucun d'entre eux ne soit pénalisé par l'action des autres, assurant ainsi à ce mode de fonctionnement une remarquable stabilité.

Cependant il ne fait pas de doute que l'acteur dominant est l'organisateur. Il contrôle ce qui est crucial pour l'employé, son affectation. En gérant cette dimension, il permet au directeur de ne pas pénaliser sa gestion sociale en ayant à endosser des décisions qui peuvent s'avérer délicates. Pour le dire autrement, c'est un système original dans lequel l'un (l'organisateur) a le pouvoir sans la responsabilité et l'autre (le directeur de magasin) la responsabilité sans le pouvoir.

Ce pouvoir fort de l'organisateur ressort très bien de la satisfaction qu'il exprime quant à l'exercice de son métier. Il en souligne l'intérêt, l'autonomie, la variété. Écoutons-le :

> On a bien sûr des délais à respecter, mais on a aussi beaucoup d'autonomie dans la gestion de notre temps de travail.
>
> Si le travail est fait dans les temps, il n'y a pas de problème avec la hiérarchie. On a une grande liberté dans les horaires. On travaille comme des experts. C'est ce qu'on devrait être en fait.
>
> J'ai du confort. Je ne suis pas stressé comme lorsque j'étais chef de rayon. On est à l'abri des clients [*sic*] et des problèmes de gestion du personnel. C'est un sacré confort. Je me plais bien dans ce métier fonctionnel.

Deux choses frappent à l'écoute de ce témoignage : tout d'abord, ces organisateurs sont d'autant plus heureux qu'ils n'ont aucune responsabilité opérationnelle. C'est pour cela qu'ils valorisent la notion d'expertise, qui suppose que l'on soit « en appui » plus qu'en responsabilité directe. Par rapport à la question initiale, cela laisse déjà entrevoir une grande marge de négociation quant à une possible évolution de leur positionnement. De plus, ils sont très conscients de la difficulté bien plus importante du rôle du directeur. Leur propre confort et celui (très relatif) du directeur passent par des arrangements avec les employés afin de limiter les occasions de conflit. Bien entendu, dès qu'il le peut, l'organisateur insiste sur le nécessaire respect des règles et des équilibres économiques. Mais, ce faisant, il fait passer un message clair aux autres acteurs : pas de pressions, sinon il faudra appliquer strictement les règles. Un organisateur exprime ainsi cette position nuancée :

> Pour les employés, l'organisateur provoque de l'inquiétude. Ils pensent que ça pourrait mal se passer et aussi que les jeux sont faits d'avance. Mais ce n'est pas vrai. Je n'ai pas de pression, ni d'en haut, ni d'en bas. Je suis simplement le gardien du code de la route. Mais il faut surtout que les employés se sentent bien dans leur travail.

Bien entendu, dans l'exercice pratique et quotidien de son travail, l'organisateur valorise avant tout l'« accompagnement », ce moment durant lequel il noue une relation privilégiée avec l'employé qui lui explique les contraintes de son poste ou les changements de comportement des clients. C'est à cette occasion que l'organisateur accumule de l'information vivante, celle qui d'après lui ne peut ni se décrire, ni se résumer, ni surtout se condenser dans un programme informatique. Là réside le « savoir-faire », sans doute surestimé, qui permet d'interpréter les données ainsi recueillies. Les organisateurs ont donc toujours refusé ou rendu caducs les outils qui leur ont été proposés, comme l'ont fait les conseillers que nous avons observés dans les ambassades.

Mais c'est aussi lors de ce face-à-face avec l'employé que se négocie ce qui est acceptable et ce qui ne l'est pas (les changements d'affectation en fait), que s'effectue l'arrangement dont tous vont profiter. Des accrochages et des motifs de mécontentement surgissent parfois, mais cela reste marginal. Écoutons à nouveau un organisateur.

> Je connais tous les employés de mes magasins et j'ai de bonnes relations avec eux. Mais on doit supprimer des postes et il arrive qu'on leur change leurs habitudes de travail. Dans ce magasin par exemple, sur une cinquantaine d'employés, il y en a trois qui ne me disent plus bonjour. Mais avec tous les autres j'ai des relations cordiales et de toute façon, je ne suis pas payé pour me faire des copains.

Le produit fini de ce travail, de cette « réorg », devra ensuite être présenté, expliqué et parfois justifié devant les employés concernés. Dans la réalité, c'est l'organisateur qui prend en charge cette présentation, qui endosse la responsabilité des décisions prises, au grand soulagement du directeur du magasin. Bien entendu, celui-ci est le « chef de projet ». En dernière instance, c'est lui qui mettra en œuvre les décisions et il est censé exercer un pouvoir hiérarchique sur les employés. Mais lors des présentations, il perçoit la présence et l'implication de l'organisateur comme une ressource de première importance pour lui. Il n'y a pas d'ambiguïté dans ce que dit ce directeur :

> Les organisateurs vont de plus en plus devenir des techniciens, des conseillers. Je pense que c'est une bonne chose. *Mais* [souligné par nous] ils ne doivent pas perdre le lien avec les employés. Ils ne doivent pas se couper du terrain. Je peux faire le recollement des données, mais encore faut-il qu'elles soient fiables. Or quand on fait tout soi-même, on peut s'autopolluer. Il faut un tiers qui participe.

On a là une expression directe de la très forte dépendance des directeurs de magasin vis-à-vis des organisateurs. On peut alors se demander pourquoi ils sont si craintifs et timorés dès lors qu'il s'agit de prendre des responsabilités supplémentaires. Leur argument, et les organisateurs partagent leur avis, c'est le manque de temps. Il est vrai que ces directeurs travaillent beaucoup : leur « sur-travail » est la variable d'ajustement qui permet de faire face à l'ensemble des tâches qui leur incombent. Il est vrai aussi qu'ils doivent répondre à une hiérarchie qui les aide peu mais leur demande beaucoup : statistiques, états, renseignements qui pourraient sans doute être collectés autrement. Mais il faut chercher ailleurs la raison réelle de leur retrait.

Les directeurs sont comptables des résultats de leur magasin aussi bien en termes financiers qu'en termes de qualité de service, devenu un facteur discriminant dans cette profession encombrée. Cependant, ils ne disposent que de très peu de leviers « managériaux » et focalisent tous leurs efforts sur la gestion de la ressource humaine, concrètement l'absentéisme, important dans ces métiers exigeants. Leur obsession est de ne pas laisser un rayon « vide » et donc d'obtenir de la souplesse de la part des employés, négociation sans grande monnaie d'échange, ce que constate ce directeur :

> Il faut ménager les employés, faire attention à ne pas avoir un mot de trop. Il faut être attentif au climat et ne rien faire qui le dégrade, sinon on n'obtient rien et on n'a pas grand-chose à leur donner. Il faut leur montrer qu'on connaît leurs problèmes et leurs difficultés.

On comprend la difficulté à laquelle se heurte la direction générale : elle souhaite « responsabiliser » ses directeurs de magasin. Soit. À cette fin elle veut leur donner du « pouvoir », c'est-à-dire quelque chose à contrôler sur la population qu'ils ont à diriger. Soit. Mais, au fil de l'analyse, il apparaît qu'ils ne sont pas prêts à s'approprier ce nouveau champ, celui des réorganisations, qui est susceptible de dégrader le climat social. En d'autres termes, c'est une intéressante question de nature systémique qui se trouve posée : comment donner aux directeurs de magasin suffisamment de distance par rapport aux employés pour que leur logique sociale, aujourd'hui dominante, soit peu à peu équilibrée par la prise en compte de la logique économique ? On découvre ainsi que l'hypothèse initiale, celle de la réticence des organisateurs à transférer leur activité aux directeurs, n'est pas la bonne. La bonne, c'est celle de la capacité des directeurs à jouer un jeu nouveau, qui n'est pas sans risque pour eux. Cette capacité ne dépend pas d'« eux », comme on le laisse tous les jours entendre dans les entreprises pour reporter sur les individus des complexités systémiques que l'on ne sait pas ou que l'on ne veut pas gérer. Elle dépend du comportement de la hiérarchie qui a laissés les directeurs seuls jusque-là, le retrait des organisateurs apparaissant à ceux-ci comme un vide qu'ils ne savent pas combler. En somme, on leur propose d'accroître tout à la fois leurs responsabilités et leur solitude.

On comprend que si le directeur d'établissement doit affronter seul ce nouveau face-à-face avec les employés, dans ce contexte inédit de primauté donné à l'économique sur le social, et si tout le monde s'accorde à considérer que c'est « son problème » et que le reste de l'organisation n'est là que pour observer, mesurer et juger, on va droit à l'échec. Or, durant les entretiens, la hiérarchie n'a jamais donné le sentiment d'être vraiment impliquée dans le changement de trajectoire des directeurs de magasin. Elle les regarde « de loin », alors qu'elle est la seule à pouvoir les sortir de leur obsession du social.

Il lui faudrait d'abord montrer que le « climat social », en clair le taux d'absentéisme et la fréquence des conflits, n'est pas le critère d'évaluation primordial des directeurs. Cela ne s'affirme pas mais se démontre. Ronald Reagan l'a fait en son temps avec les contrôleurs aériens, Georges Besse l'a mis en œuvre chez Renault. La tâche est loin d'être facile, car il faut à la fois maintenir le conflit dans l'exceptionnel et l'accepter comme un coût potentiel de la mise en œuvre du changement. Pour l'occasion, c'est surtout la hiérarchie qui doit faire son apprentissage. Mais elle doit aussi renoncer à sa position distanciée par rapport aux magasins et devenir acteur de leur changement. Pour ce faire, pas de miracle : ce sont les modalités d'évaluation, de promotion et de rémunération de toute la chaîne qui doivent être revisitées, et la hiérarchie doit devenir coresponsable des résultats obtenus et non se contenter de les mesurer. On le voit, la reconquête de l'encadrement de proximité passe d'abord par la maîtrise des bureaucraties intermédiaires.

Les bureaucraties intermédiaires

Ce troisième cas, celui d'une grande entreprise de matériel de précision[1], permet d'observer les stratégies mises en œuvre par les bureaucraties intermédiaires pour retarder ou contrecarrer le succès d'un projet visant à transférer l'essentiel du pouvoir vers les opérateurs et leur encadrement de proximité. Même si l'entreprise a formulé sa question initiale en termes de « valeurs » de ces cadres moyens (directeurs de départements de l'usine), c'est bien d'une question de perte de pouvoir réel dont il s'agit. L'opposition que manifestent les catégories visées ne recouvre donc pas une quelconque « résistance au changement », notion aussi vague

1. Cette étude a été réalisée en 2006.

que vide, mais traduit la défense d'un intérêt bien compris. Cette formulation est non seulement plus réaliste, mais évite les culpabilisations inutiles ou les mises en cause morales. En d'autres termes, cela préserve l'avenir, si ces populations devaient un jour avoir à trouver leur place dans un mode de fonctionnement différent. Comprendre que c'est un comportement stratégique et non « étroit d'esprit » permet d'éviter le gaspillage humain.

Le projet mis en place vise donc à obtenir une meilleure implication des opérateurs et de leur encadrement de proximité (moniteurs et responsables d'unité), jusque-là cantonnés dans des rôles d'exécution passive. Au moment où nous faisons l'étude, l'opération est un réel succès. La maturité de ces acteurs est remarquable : non seulement ils « s'impliquent » dans la qualité et l'« amélioration continue » (vocabulaire toyotiste), mais ils établissent un lien direct entre leur performance et la capacité de survie de leur site, un temps menacé. Même la critique qu'ils expriment sur le nombre croissant – toujours croissant – d'indicateurs de toutes sortes, sur le temps toujours plus long passé devant l'ordinateur, ne tempère pas leur investissement. Bons élèves, ils décrivent spontanément leurs « rituels », soulignent la nécessité du « dire », et lorsqu'on les interroge sur ce qui pourrait encore être amélioré, tous répondent que, le progrès étant continu, il y a toujours des améliorations à faire ! Ils ont donc intégré jusqu'à la rhétorique du toyotisme. Trois raisons se conjuguent, qui expliquent cette implication de la « base » dans la démarche de « progrès continu ».

La première relève de l'instinct de survie : cette démarche leur fait espérer le maintien de leur emploi et la possibilité de lutter à armes égales avec la concurrence étrangère. Leur connaissance des données économiques est parfois surprenante et leur permet de comparer en permanence leurs performances avec celles des autres entreprises du secteur.

La deuxième raison de leur adhésion sans réserve ravirait les critiques les plus assidus du taylorisme : la démarche qui leur est proposée redonne du sens à leur travail ou, si l'on affine un peu, est l'occasion pour eux de se poser la question du sens du travail. Leurs propos sont édifiants :

> Ici, ça me plaît parce qu'il faut toujours voir après. C'est bien.
>
> On fait des scores pas possibles sans forcer plus que ça, grâce aux améliorations continues.
>
> On a enfin arrêté de travailler bêtement. C'est pour ça que le matin, quand les gens arrivent, ils sourient et ils se parlent.

Sans faire preuve de naïveté et croire au meilleur des mondes, on voit bien qu'un jeu gagnant-gagnant s'est construit entre l'entreprise et ses unités de base. C'est aussi pourquoi l'encadrement de proximité est submergé de travail au point d'allonger spontanément son temps de présence. Il n'y a chez eux aucune lassitude, à l'exception déjà mentionnée du nombre d'indicateurs qu'ils doivent renseigner. D'une certaine façon, tout le monde attend la suite avec impatience.

Enfin – c'est la troisième raison –, la mise en œuvre de ce projet induit un véritable transfert de pouvoir du haut vers le bas, ou tout au moins une redéfinition des relations de pouvoir : les cadres, s'ils veulent rester dans le jeu, doivent abandonner un comportement hiérarchique et distant traditionnel pour adopter une posture de proximité et d'écoute. D'ailleurs, les attentes des opérateurs à leur égard sont précises. Ils leur demandent de « rapporter du travail », d'aller chercher les commandes, et c'est de leur encadrement direct qu'ils attendent la résolution des difficultés quotidiennes. Ils esquissent presque une nouvelle répartition des rôles, dans laquelle quelle que soit la place que l'on occupe on acquiert sa légitimité par sa performance et par sa compétence et non par son statut.

C'est là que les choses se compliquent. Comme l'avaient anticipé les initiateurs du projet, les difficultés viennent des cadres de niveau supérieur, ceux du site comme ceux du siège, peu enclins à accepter ce transfert. Au niveau le plus apparent (mais aussi le plus superficiel), ces difficultés s'expriment en termes de « valeurs » et de « culture ». Étant donné leur formation initiale et les habitudes ancrées dans des décennies de pratique, ces cadres auraient du mal à adopter des comportements différents. Et il est vrai que ce qu'ils valorisent dans leur discours n'est ni la répétition méthodique des actes ni le sérieux des « rituels ». C'est bien davantage l'exploit, l'exceptionnel, la différence et la « débrouille ». « Chacun veut inventer son truc », dit un opérateur en souriant. La priorité est donnée à la conception, qui doit être aussi sophistiquée et intellectuelle que possible. La mise en œuvre, la production sont des activités secondaires, déléguées à d'autres car dénuées de noblesse, et l'idée est bien ancrée que ce qui fut décidé sera.

Un exemple d'effet de système

Tout cela est vrai mais ne constitue que la partie émergée de l'iceberg. Car dans cette aventure, ce que perdent les cadres, c'est à la fois le pouvoir et l'autonomie, le pouvoir hiérarchique et l'autonomie conférée par des départements segmentés. Aussi durant les entretiens les cadres mettent-ils spontanément en avant toutes les contraintes qui pourraient pénaliser leurs propres possibilités de s'intégrer au projet. Il est naturel que la première des contraintes évoquées soit d'ordre budgétaire : on voudrait bien, mais on n'en a pas les moyens ! Et en plus, il faut obtenir de la productivité coûte que coûte et vite. Un responsable de fabrication le dit ainsi, de façon insistante :

> On se laisse rattraper par la productivité. Faut surtout pas qu'on l'oublie et c'est pas simple, parce que les gens ont l'impression qu'on change de message et qu'on revient en arrière. On met l'accent sur la qualité et c'est très bien. Mais les contraintes budgétaires vous rappellent bien vite à l'ordre. Et là, c'est à nous de nous débrouiller !

Deuxième contrainte mise en avant : celle que constituent les demandes croissantes et toujours plus consommatrices de temps du siège. Comme le dit un cadre du site :

> Ils en demandent toujours plus. On ne sait pas à quoi ça sert, mais sans doute qu'il faut bien faire tourner la machine. Mais nous aussi on sait mettre de la fumée et noyer le poisson.

Tous les éléments du puzzle se mettent alors en place pour comprendre l'« effet de système » en train de se dessiner, qui pourrait faire obstacle à la réussite du projet : pour compenser une perte réelle de leur pouvoir hiérarchique, les cadres du site s'appuient sur l'ensemble des contraintes extérieures auxquelles la production doit faire face, sans hésiter à en exagérer l'importance. Cette stratégie est *de facto* alimentée par les cadres du siège, qui n'entendent pas eux-mêmes se laisser dépouiller de leur pouvoir par une démarche qui donne la priorité à la production et aux opérateurs. Pour « contrer » cette tendance, ils en demandent toujours plus en termes d'indicateurs, d'objectifs, de données, utiles ou non. Ce que les premiers utilisent pour renforcer leur rôle de « bouclier » sur le site et plus généralement leur pouvoir, lié au « différentiel d'information » en leur faveur. En somme, la bureaucratisation du projet, que les opérateurs et leur encadrement de proximité dénoncent avec véhémence, est pour les cadres du site une bonne ressource face à leurs propres troupes. Et ce n'est pas le moindre paradoxe de cette situation que d'avoir généré cette alliance de fait entre cadres de site et cadres de siège, eux que tout oppose dans le fonctionnement traditionnel, y compris bien entendu dans le discours qu'ils tiennent les uns sur les autres. On comprend dès lors toute la capacité de nuisance de ces bureaucraties intermédiaires, qui compliquent d'autant plus la situation qu'elles n'ont qu'un enjeu limité dans les désordres créés par cette complexité artificielle. Celle-ci trouve son expression la plus achevée dans l'envahissement des « processus ». Cette tendance lourde et inquiétante est l'objet du chapitre suivant.

CHAPITRE V

Le couple infernal intégration-processus

Je notais, dans l'introduction, la tentation des entreprises ayant le sentiment d'avoir perdu le contrôle de reprendre la main *via* la mise en place de processus de toutes sortes censés garantir non seulement que tout se passe partout de la même façon, mais encore que cela se passe comme il se doit. J'ai souligné que ce type de démarche n'était pas sans rappeler la logique administrative dont on peut légitimement questionner les résultats. Je voudrais maintenant montrer pourquoi cela ne fonctionne pas, provoque même du désarroi et, pour parler le langage des entreprises, détruit plus de valeur que cela n'en crée.

Entendons-nous bien : la question n'est pas de critiquer les tentatives des entreprises de mieux organiser ce qu'elles font, voire de contrôler la façon dont elles le font. Il est légitime qu'elles émettent des règles, des procédures, des indicateurs, des processus. On peut d'ailleurs observer qu'il n'existe pas d'activité collective sans un minimum de règles explicites ou non. Les jeux du cirque ont toujours consisté à faire se confronter les hommes sur la seule base de leur force brute ; les gladiateurs d'antan comme les sportifs d'aujourd'hui se sont inventé des règles qui organisent cette confrontation, au moins *a minima*.

Ce qui est en jeu dans les entreprises, c'est la façon dont elles le font et les conséquences que cela induit sur leur fonctionnement, l'« implication » de leurs membres en particulier, si recherchée comme « facteur clé de succès ».

Il s'agit pour elles d'avoir sous contrôle ce dont elles sont responsables, mais aussi d'expliquer aux acteurs comment ils doivent faire ce qu'ils ont à faire. On « benchmark » alors les « meilleures pratiques », on fait appel à des cabinets spécialisés dans le « dessein » des organisations et de leurs processus et l'on obtient en fin de compte un tableau théorique de ce qui devrait être, en laissant aux acteurs la responsabilité de sa réalisation. Si elle n'advient pas, c'est la faute des autres, de ceux qui doivent mettre en œuvre et qui, pour une raison quelconque, ne le font pas comme on leur a dit de le faire. Pourtant, on sait depuis longtemps aujourd'hui que des trois phases classiques d'un processus de changement – la compréhension du problème, l'élaboration de solutions et leur mise en œuvre –, c'est la troisième qui est de loin la plus complexe. Ce qui explique d'ailleurs que la plus grande partie des dirigeants se réserve la deuxième, plus simple, et sous-traite toujours la troisième et ses aléas. C'est humain et cela relève de la vie quotidienne des organisations.

Le mythe de la clarté

Plus embarrassante en revanche est l'erreur de raisonnement qui sous-tend le recours aux processus : il y a dans l'entreprise un mythe de la clarté semblable à celui de la transparence qui traverse tous les pans de nos sociétés. On sait que derrière cette recherche frénétique de clarté (du moins sur ce que font les autres) se cache la nécessité pour tous les acteurs de réduire l'incertitude qui les entoure. Ce besoin explique d'ailleurs que, quelle que soit l'incertitude du monde, on demande toujours à un dirigeant d'avoir une « stratégie claire », non pas parce qu'elle est juste, mais parce qu'elle sécurise tous ceux que l'imprévisibilité de l'avenir angoisse.

Dès lors que l'on privilégie homogénéité et clarté – les sœurs siamoises du management contemporain –, il faut trouver les moyens de les obtenir. C'est ici qu'interviennent les règles, les procédures, les processus, les indicateurs et les modes de reporting. Ouf !

Comme diraient les sociologues, chacun pense – ou feint de penser – que la règle définit le jeu et donc que les acteurs appliquent de façon linéaire ce qu'on leur demande d'appliquer et ne déploient leur intelligence que pour se conformer à ce qui a été décidé. D'où la multiplication frénétique de ces processus dont la production nourrit par ailleurs nos fameuses bureaucraties intermédiaires. Ce qui est le plus surprenant pour l'observateur, c'est l'application obstinée avec laquelle chacun fait semblant d'y croire. Un consensus s'établit pour que l'on crée ces processus (résumons par ce mot toute la palette énoncée plus haut) qui définissent les tâches avec précision. Qu'ils soient appliqués et, bien évidemment, « stratégiquement » utilisés par les acteurs n'est le problème de personne et surtout pas de ceux qui les émettent. Je me souviens de ce patron d'une grande entreprise de restauration collective qui m'a un jour expliqué qu'un grand cabinet de la place lui avait dessiné une organisation parfaite, mais qu'il ne savait pas comment la faire fonctionner. Les trains électriques les plus beaux et les plus sophistiqués n'intéressent pas les enfants s'ils ne roulent pas.

Pourquoi est-il donc si difficile de mettre tout cela en œuvre ? Parce que les règles ne définissent pas le jeu, elles le structurent. Sous ce barbarisme se cache une réalité simple que tout le monde connaît et ignore à la fois : les règles ne sont pas importantes par ce qu'elles disent, mais par l'usage que les acteurs en font[1]. Je ne développerai pas ici l'exemple mille fois utilisé des contrôleurs aériens qui ont d'autant plus de liberté et de pouvoir de négociation que les règles organisant la circulation aérienne sont plus nombreuses, inapplicables, et rendent leur bonne volonté nécessaire pour que les avions volent. La Cour des comptes a montré les nombreux avantages qu'ils ont su tirer de cette situation absurde. On pourrait aussi ici évoquer les dérives auxquelles nous mène l'application stricte du principe de précaution. D'une façon plus générale, ce véritable « délire procédurier » qui envahit aujourd'hui (à nouveau !) les entreprises ne créé ni l'ordre, ni l'harmonie, ni la prévisibilité. Il donne aux acteurs des marges de jeu considérables. Personne ne pourra leur reprocher de les utiliser, puisque chaque fois qu'ils « battent le système », ils ne font que souligner les incohérences et les contradictions présentes qu'il recèle. Aussi, pour que néanmoins « ça marche », va-t-il falloir que les acteurs sélectionnent, adaptent, transforment mais aussi parfois s'épuisent, comme nous allons le voir dans un cas exceptionnel[2].

On est donc à l'exact opposé des effets recherchés et il faut du temps (et souvent des catastrophes) pour que les entreprises s'en aperçoivent ou acceptent de lever le voile sur ce que chacun savait et avait tacitement accepté. Au lieu d'obtenir de l'harmonie (l'intégration), on voit se multiplier les particularismes, chacun inventant sa propre solution pour que néanmoins ça marche. Chacun découvre la lune et, pour parvenir à l'intégration souhaitée, il ne reste qu'à espérer que chacun découvre la même lune. C'est d'ailleurs souvent le cas.

1. Erhard Friedberg, *Le Pouvoir et la Règle. Dynamiques de l'action organisée.* Paris, Seuil, 1993.

2. Voir le cas présenté *infra*, p. 158.

Il est remarquable d'observer que les entreprises mettent un soin particulier à distinguer l'intégration – tous suivent les mêmes processus – et la centralisation – tout se décide au sommet. Intéressante distinction intellectuelle qui peut séduire et donner lieu à des notes internes qui l'expliquent et la démontrent… Mais le résultat est identique. On aurait d'ailleurs bien du mal à expliquer pourquoi des décisions qui sont prises au sommet, d'une part, et le suivi par tous de processus identiques, d'autre part, produiraient des résultats différents. Il s'agit surtout d'une rhétorique visant à rassurer ceux qui perçoivent l'intégration comme une menace de leur autonomie. Nous avons vu dans les chapitres précédents qu'ils savent se défendre. Nous verrons, dans la troisième partie, que quelques entreprises ont compris depuis longtemps – et nombreuses sont celles qui les suivent dans cette voie – que l'on contrôle mieux dans le flou que dans la clarté ; que ces processus génèrent plus de difficultés qu'ils ne créent de visibilité ; qu'au lieu de donner aux entreprises les moyens de reprendre le contrôle d'elles-mêmes, ils découragent les bonnes volontés et encouragent les comportements routiniers et bureaucratiques.

Il y a peut-être plus grave encore que cette erreur de raisonnement : dans les pages qui suivent, nous allons observer quelques entreprises en voie de « professionnalisation ». C'est le terme pudique utilisé pour indiquer que l'on va substituer à l'initiative des acteurs (leur « entrepreneurship »), des modes de gestion « rationalisés », *via* les fameux processus et systèmes de reporting. Or, ce passage, que la rhétorique présente comme une étape normale de la croissance d'une entreprise (nous verrons qu'il n'en est rien), est vécu par les individus comme une marque de défiance. On peut leur expliquer qu'il n'en est rien (c'est la moindre des choses !), ils perçoivent que c'est le couple bon fonctionnement basé sur leur bonne volonté-autonomie vis-à-vis de leur chef qui est discrédité. Dès lors qu'on le remplacera par des façons de faire standardisées, tous diront – et c'est normal – qu'elles n'apportent rien au résultat final.

Quelques entreprises vont expliquer à leurs salariés que ce sont des régulateurs externes ou des « certificateurs » qui exigent cette standardisation. C'est à la fois vrai et faux. Vrai, parce que la vie des entreprises est envahie par ces normes de certification et de sécurité qui permettent à leurs émetteurs soit de se couvrir en cas de problème, soit de ramasser les œufs d'or de la poule du même nom. Faux, car sur le fond, le raisonnement des régulateurs est exactement le même que celui dont nous venons tout juste de constater la vanité. Concluons-en que satisfaire à une norme de qualité permet d'obtenir une certification mais ne garantit en rien la qualité. Parfois aussi, il est vrai, cette norme peut aider des opérateurs à prendre conscience de l'importance de la maîtrise de certains gestes et de la nécessité de les répéter. Mais plus globalement, le passage à des formes (trop) rationalisées de travail – et généralement personne ne contrôle la machine qui les produit – détruit la confiance initiale si précieuse pour résoudre ce qu'aucune norme ne permettra de résoudre.

Les difficultés de l'intégration

Deux premiers voyages au sein des entreprises vont permettre de vivre les difficultés de cette marche vers l'intégration et la professionnalisation.

La première entreprise fabrique des biens de consommation courante. Sur la base d'un remarquable développement effectué par son fondateur disparu depuis peu, elle a procédé à de nombreuses acquisitions, dans son pays d'origine et à l'extérieur, pour consolider progressivement une place non négligeable sur le marché mondial. Dans sa phase de conquête, elle a naturellement donné la priorité aux « pays », là où se font les affaires, sur les activités, là où s'élaborent les produits. Au moment de l'étude, les dirigeants pensent remettre en question ce principe d'organisation. L'entreprise est au milieu du gué[1].

Globalement, le groupe est perçu par ses salariés comme un endroit où il fait bon vivre, où l'on respecte les individus, et qui « motive » ses cadres par son dynamisme et sa capacité d'innovation, reconnus par tous. Une grande importance est donnée aux « problèmes humains », ce qui veut dire que les hommes – pour reprendre l'expression utilisée par l'entreprise – sont considérés comme les facteurs clés du succès. Enfin, chacun apprécie la facilité des contacts, y compris avec les membres du comité exécutif, auxquels tous peuvent s'adresser en cas de besoin. Parfois, la place donnée à l'« humain » crée des réactions émotionnelles qui choquent les tenants d'un management plus professionnel. Mais pas de doute, cet univers est convivial, consensuel, ce que les acteurs apprécient d'autant plus quand ils le comparent avec ce qu'ils voient à l'extérieur. C'est une « entreprise de confiance » et cette confiance[2] constitue un « capital » sur lequel le groupe s'est jusque-là appuyé et qu'il considère comme un facteur décisif de son succès.

Or voici que les choses changent : l'organisation se vit « en transition », sans que personne puisse dire clairement vers quoi

1. Ce travail a été réalisé en 2008.

2. Beaucoup de choses ont été écrites sur le rôle de la confiance dans le management. Le meilleur article me paraît être celui-ci : Ellen M. Whitener, Susan E. Brobt, M. Audrey Korsgaard, Jon M. Werner, « Managers as Initiators of Trust : an Exchange Relationship Framework for Understanding Managerial Trustworthy Behavior », *The Academy of Management Review*, 1999, vol. 23, n° 3, p. 513-530.

elle transite. Mais après tout, l'expérience indique qu'il n'y a pas besoin de savoir où l'on va pour y aller ! Une observation plus attentive permet néanmoins de comprendre que le groupe passe d'un modèle, dominant jusque-là, d'« entrepreneurship » à un nouveau modèle d'« entreprise », d'entreprise intégrée s'entend. Pour les dirigeants, c'est la condition de la croissance et du succès des acquisitions en particulier. Bien entendu, ce mouvement s'accompagne comme toujours d'une véritable redistribution du pouvoir, avec ses gagnants et ses perdants : la priorité est désormais donnée aux activités, qui doivent devenir les lieux d'« intégration », vu leur rôle décisif dans l'élaboration et la mise en œuvre de la stratégie « produits ». Cela se fait au détriment des « marques » et des « marchés » et s'accompagne de la mise en place de processus, de procédures, de modes de reporting, marqueurs de la professionnalisation de cette entreprise, qui devraient lui permettre de développer une stratégie claire (!) et d'en contrôler la mise en œuvre. Du moins telle est la théorie. Les résultats concrets sont bien différents.

La première conséquence, la plus visible, est l'émergence d'un groupe plus orienté vers ses produits qu'il ne l'est vers ses clients. C'est une caractéristique que l'on observe dès qu'une entreprise considère que ses marques « créent » le marché plus qu'elles n'ont à s'y adapter. Une partie de l'industrie des cosmétiques fonctionne selon cette logique. Dans le cas qui nous occupe, le choix est fait de développer les produits loin des marchés, ces derniers devant écouler ces produits sans trop faire valoir leurs spécificités. Cela ne pose pas de problème majeur tant que les lieux de conception et de production se situent au sein de ces mêmes marchés (l'Europe par exemple). Mais dès lors que le groupe se « globalise » et que la conception reste sur les lieux de production d'origine, la distance s'accroît mécaniquement entre ce qui est conçu et les besoins locaux. Cette priorité donnée alors aux produits sur les marchés devient de plus en plus pesante, si bien qu'il faudra trouver des moyens de l'imposer. Un de nos interlocuteurs décrit ainsi la situation :

> Pendant très longtemps on a imposé les produits européens, parce que les volumes se faisaient en Europe. Et on est encore très européens. Certes, on cherche à appréhender les besoins locaux et il y a quelques exemples positifs. Mais on est loin, très loin du but. Et même si on arrive parfois à faire passer des messages, on est très lents à exécuter et à faire sortir des produits. Ça tient à la lourdeur du processus de développement, au nombre de personnes qui interviennent et à la remontée de toutes les décisions au sommet de la hiérarchie.

Cette remarque émanant des marchés ne fait après tout qu'exprimer leur propre intérêt. Mais les industriels, qui sont moins partie prenante dans le débat, disent à peu près la même chose :

> Notre groupe est orienté produit. Il n'y a pas de doute là-dessus. Dans les réunions de l'activité, on parle produit, on ne parle jamais client. Le client ne rentre dans l'entreprise que lorsque se produisent des événements négatifs. Autrement, il compte peu.

On comprend pourquoi les activités, auxquelles le pouvoir a été donné, ont acquis de l'autonomie par rapport au reste de l'entreprise. Si l'on parlait le langage du management, on dirait que c'est le résultat d'un fonctionnement matriciel mal compris, qui déséquilibre l'organisation dans un sens, sans qu'aucun réel contre-pouvoir n'émerge pour le tempérer. Ni les marchés ni les industriels ne réussissent à peser face aux activités. Au passage, remarquons l'extrême récurrence des modes de fonctionnement : à nouveau, les opérationnels des activités, ceux qui conçoivent les produits, et donc exercent la réalité du pouvoir, se sont eux-mêmes autonomisés. Ils fonctionnent en silos, sans vrai travail collectif et veillent à ce que les filières fonctionnelles (RH, finances) ne cherchent pas elles-mêmes à les intégrer. Et pour boucler la boucle sans étonner personne, on verra plus loin que le siège essaie tant bien que mal de compenser ce pouvoir sans partage des activités par la production de procédures et de contrôles toujours plus sophistiqués et détaillés. En somme, l'orientation produit de cette organisation génère des formes de contrôle bureaucratiques sur les effets desquelles il faudra s'interroger. Comme les faits, les effets de système sont têtus.

Quand l'intégration accroît la distance entre les acteurs

L'intégration par les activités est bien entendu un problème pour les marchés. Elle est en contradiction avec la tradition d'autonomie des acteurs locaux et leur investissement dans le modèle « entrepreneurial » évoqué plus haut. En outre, leur perte d'autonomie et de pouvoir ne se limite pas au développement des produits. D'autres pans de leurs activités commencent à leur échapper : une partie des achats et bien évidemment les ventes, traditionnelles zones de liberté locale dans les organisations encore peu intégrées. Un responsable « grands clients » décrit cette évolution avec beaucoup de lucidité :

> Jusque-là, les pays, il leur restait un truc : le commerce. Mais avec l'arrivée des clients internationaux, ils ont créé des centrales qui ont sélectionné leurs fournisseurs pour les produits stratégiques. Conséquence pour les pays : avec un de mes collaborateurs, je traite des prix et des référencements pour dix pays. Je négocie à la place des pays qui ne l'acceptent pas bien sûr.

Quant aux pays, ils sont en plein désarroi et l'expriment ainsi :

> Ma marge de manœuvre n'est pas très claire pour moi. Je ne sais plus si je peux prendre telle ou telle décision. En tous les cas, quand l'Europe prend une décision, la participation des marchés n'est pas prise en considération. Il leur arrive même de nous envoyer des gens qui ne parlent pas la langue ou, pour certains produits, d'avoir des services d'aide au client qui sont dans un autre pays.

> Les spécificités de notre marché ne sont jamais prises en compte et je peux vous dire qu'une de nos marques en a souffert depuis quelques années. Les gens du développement en Europe ne sont pas ouverts et disposés à nous écouter. Il y a un vrai travail de fond à faire.

Ce n'est pas un mince paradoxe de constater que cette tentative d'intégration se traduit par une distance croissante entre les acteurs. On le comprend, tant les activités semblent indifférentes aux problèmes que leur fonctionnement peut poser aux autres. Pour le dire autrement, la sphère du développement produit, reproduit sans états d'âme un fonctionnement hérité d'une situation dans laquelle l'entreprise était centrée sur l'Europe. Aussi, la distance entre les acteurs s'accroît, leurs perceptions divergent et la méfiance s'installe entre les différents niveaux de l'organisation. Un chef de projet « développement produit » porte ce regard critique sur les pays :

> Les filiales cherchent à faire les choses toutes seules. C'est une vraie défiance qu'elles ont. Et c'est une source de dysfonctionnements. Elles arrivent vers nous avec des dossiers déjà ficelés et font semblant de nous demander notre avis.

Et lorsque le même interlocuteur décrit les parties prenantes d'une décision de développer un produit, le tour de table est vite fait :

> Une fois par mois il y a des comités de développement produit avec le patron de l'activité, le patron du marketing et les intervenants sur le produit. Ce sont eux qui décident. Et c'est très difficile pour un pays de demander un produit. C'est qu'on connaît pas trop… c'est local… on ne sait pas…

Finalement, la seule suggestion des développeurs pour faire face à la globalisation du groupe n'est pas de délocaliser tout ou partie de la conception, c'est d'importer d'éventuelles compétences non européennes. On le voit, les évolutions du groupe vers une professionnalisation croissante tout en gardant une répartition du pouvoir très locale ont accru la tendance à l'émiettement beaucoup plus que l'intégration (à ce stade) en créant un monde plus partisan que cohérent. Cette fragmentation sera encore renforcée par la « riposte » imaginée par le groupe, qui se traduit par l'apparition de modes de fonctionnement à tendance bureaucratique. Ceux-ci, comme nous l'avons déjà observé, sont inhérents à la priorité donnée au produit, qui induit le caractère endogène de l'organisation.

Tout est contrôlé, rien n'est sous contrôle

Il peut pourtant paraître curieux, voire provocant, de parler de bureaucratie à propos d'une entreprise comme celle-ci, dont l'image est à l'opposé de ce que ce mot évoque. Il est employé ici dans son sens sociologique : priorité est donnée aux questions internes (reporting, procédures, prise de décisions), et non aux nécessités réelles ou supposées du marché. Et le fait est que la lourdeur du système de reporting est constatée aussi bien par ceux qui le subissent que par ceux qui le conçoivent (les fonctionnels de la sphère financière). Les premiers le décrivent ainsi :

> Les exigences sont de plus en plus importantes de la part du groupe, c'est une charge croissante qui nous empêche de nous consacrer au commercial. Je n'ai rien contre ça... mais bon... chacun veut son reporting... je préférerais qu'on ne nous demande pas plusieurs fois la même chose.

Ce à quoi les seconds font écho de la façon suivante :

> Le reporting est très lourd dans le groupe et pourtant ça n'est pas exhaustif, sur le cash par exemple. J'espérais que ça change, mais malgré notre nouveau système, je ne vois rien venir. En fait, le management veut tout savoir et n'a de cesse de demander toujours plus de détails par ailleurs non essentiels.

Il n'y a là rien d'étonnant. Nous sommes en face d'une très classique (et contemporaine) tentative d'intégration par les processus, dont les reportings financier et commercial constituent l'épine dorsale. Que les opérationnels des pays s'en plaignent, c'est dans la logique des choses. Les processus sont un élément du puzzle qui réduit progressivement leur autonomie. Ce qui frappe davantage, c'est l'« angle commun » de la critique qui unit les uns et les autres dans l'exaspération face au « micro-management » qui en résulte. Lorsque la machine est lancée, rien ne l'arrête, comme si les possibilités ouvertes par ces nouvelles pratiques permettaient d'aller partout, de tout savoir et de tout contrôler. Et lorsque cela se greffe sur une « culture » originelle du détail, la vertu d'hier devient le vice d'aujourd'hui. Comment une entreprise pourrait-elle doubler de taille, mettre en œuvre une stratégie globale et conserver les modes de fonctionnement d'une grosse PME ? Ceux qui en son sein se réclament de cette culture du détail, qu'ils alimentent par des processus toujours plus nombreux et sophistiqués, ont du mal à être en même temps les porteurs de la « professionnalisation » de cette organisation. Elle supposerait à la fois plus de délégation et plus de coopération entre les dirigeants afin d'éviter les goulots d'étranglement que la pusillanimité du micromanagement ne cesse de créer. À ne pas faire le lien entre ces éléments (absence de vision systémique de l'organisation), on s'enferme dans le cercle vicieux d'un contrôle peu efficace, qui génère lui-même toujours plus de demandes qui s'additionnent au lieu de se compléter : tout est contrôlé, rien n'est sous contrôle. Deux nouveaux embauchés (croissance oblige) expriment ainsi leur surprise :

> Je suis habitué au matriciel et d'ailleurs il n'y a pas d'autre modèle. Ma surprise vient de la très forte implication du haut management et de l'absence de délégation. Je me demande comment on peut gérer la croissance avec aussi peu de délégation. Il y a à la fois une implication très fine des dirigeants dans le microdétail et en même temps une absence de contrôle réel qui fait que des sujets importants ne sont pas traités.

> Ici, on pilote un porte-avion comme un vélo ! Toutes les semaines on doit faire remonter les prévisions commerciales au comité exécutif. C'est un manque de confiance et la marque d'une vraie inquiétude. Les dirigeants sont noyés sous une masse d'informations inutiles et du coup il y a des décisions qui ne sont pas prises. Ou alors elles le sont brutalement et sans critère. Ça devient aléatoire.

On ne saurait mieux décrire cette logique de l'affolement qui se traduit par la minutie de contrôles peu efficaces. À quoi il faut ajouter la faible intégration du sommet – ce n'est pas une surprise – qui voit chaque dirigeant lancer ses propres projets, bien entendu tous plus prioritaires les uns que les autres. Selon un mécanisme bien connu se crée alors un engorgement qui ouvre aux niveaux inférieurs des marges de liberté importantes en les amenant à prioriser ce qui ne l'a pas été plus haut. La boucle est alors près d'être bouclée : la centralisation de fait de l'entreprise rend difficile l'émergence d'un management local suffisamment autonome pour prendre des initiatives. Tout remonte, aux activités ou aux dirigeants. Ceux-ci sont alors submergés par l'afflux des tâches, les rapports, les informations et les décisions à prendre. Ils répondent donc de façon aléatoire ou du moins perçue comme telle par le reste de l'organisation.

C'est d'ailleurs ce qui explique la lenteur de la prise de décision. Non seulement elle est due à ces phénomènes d'engorgement, mais la stratégie d'intégration – de centralisation en réalité – par les processus la renforce. Le coût naturel de ces derniers est une faible réactivité, que dénonce ce cadre :

> Ce que l'on ressent le plus comme gêne, ce sont les délais qui ralentissent notre activité. On veut par exemple que tout le monde ait la même stratégie de recrutement. Mais ça crée des goulots d'étranglement. On perd les bons quand ils sont pressés.

Bref, cette organisation est logique avec elle-même. Si elle est, certes, en situation de transition (vers quoi au fait ?), elle a fait des non-choix, ou des choix contradictoires. Elle a considéré que « professionnalisation » voulait dire « contrôle » et que celui-ci s'obtenait par la multiplication des règles et procédures. Mais dans le même temps les dirigeants n'ont « rien lâché », créant ainsi une confusion devant laquelle les acteurs ont le choix : ou ils sont « perdus » et se réfugient alors dans le retrait apathique et dans ce cas on a « détruit de la valeur », ou ils manipulent (au sens sociologique) à leur avantage un système qui échappe à tout contrôle. Dans les deux cas c'est un échec.

Le « délire du contrôle » peut même être poussé plus loin. Voici le cas d'une entreprise qui construit des équipements lourds, nécessitant de très importants investissements, au Moyen-Orient et au Proche-Orient. Elle est organisée par équipes projets, et c'est un malaise ressenti par les « supports financiers » (ceux qui évaluent les risques des investissements et négocient avec les banques) au sein des équipes projets qui va déclencher l'étude présentée ici[1]. À première vue, ce n'est pas une surprise : se confrontent une logique *business*, tournée vers le développement des affaires, et une logique de maîtrise du risque financier. Non seulement cette « confrontation » est inhérente au lancement et à la conclusion des projets, mais l'on peut considérer qu'elle est nécessaire et utile. C'est elle qui permet de s'assurer en permanence que le projet a bien pris en compte tous les paramètres et qu'il est le résultat d'une négociation entre deux acteurs qui représentent des intérêts différents. En l'occurrence, on retrouve ce conflit à tous les niveaux de l'entreprise, les dirigeants étant particulièrement sensibilisés aux conséquences d'une maîtrise aléatoire du risque financier.

Mais, plus l'on s'approche du niveau local, plus cette opposition se traduit par des situations inconfortables, mal vécues par les acteurs, surtout ceux qui se sentent en situation de faiblesse, les financiers. Ils témoignent d'une réelle frustration et l'entreprise souhaite gérer au mieux cette situation, pour ne pas perdre jour après jour des éléments brillants et bien formés. Pour le moment, la gestion de cette « conflictualité naturelle » se fait par une rotation adaptée des personnels les plus exposés. Cela permet d'être proactif, de mettre en œuvre une mobilité organisée plutôt que subie et d'éviter les phénomènes de culpabilisation

1. Réalisée en 2007.

liés à une implication dans des relations trop conflictuelles. Reste néanmoins une question : qu'est-ce qui fait que cette confrontation de logiques, somme toute naturelle, prend dans cette région du globe une acuité et parfois une violence particulières et finit de ce fait par inquiéter tout le monde ?

Comment décroche-t-on de la réalité ?

Observons d'abord les symptômes qui montrent que les acteurs « décrochent » progressivement de la réalité. Le malaise des « supports », celui des financiers en particulier, s'exprime sans détours. Il est entré dans la vie quotidienne de l'organisation et en constitue un élément parmi d'autres. Ce qui fait problème, c'est que ce malaise se radicalise peu à peu et prend parfois des formes qui suggèrent que les acteurs impliqués sont entrés dans le cercle vicieux de la confrontation, qui leur fait perdre le sens des réalités. Examinons cela en allant du plus anecdotique au plus radical.

Commençons par les banals problèmes managériaux quotidiens. Les financiers se plaignent de ne pas être « reconnus ». C'est bien vague. Mais comme d'habitude, cette expression à connotation psychologique recouvre une revendication financière. Ces supports financiers travaillent beaucoup – trop en fait, et c'est une partie du problème – et leur rémunération ne leur paraît pas à la hauteur de l'effort fourni. Ils sont d'ailleurs les seuls « supports » à évoquer avec insistance cette question. On peut en conclure que cette « plainte » qui s'exprime sur la rémunération recouvre sans doute des dimensions moins visibles de leur situation. C'est une expression première de leur mal-être dont ils ne réussissent pas eux-mêmes à analyser les causes.

Par ailleurs, il s'agit d'une population qui « rejette » sa propre organisation. Non qu'elle critique l'entreprise dont elle reconnaît la performance et la haute valeur technique, mais la seule partie de son travail qu'elle met en avant au cours des entretiens est celle qui la met en contact avec l'extérieur, les banques prêteuses en l'occurrence. Autant les « simulations financières » auxquelles ces conseillers financiers se livrent à longueur de journée leur paraissent répétitives et peu intéressantes, autant la négociation des montages financiers est une occasion d'exprimer leurs compétences et donc d'être « reconnus ».

De même, ces conseillers sont instables et ne souhaitent pas rester dans cette fonction. Cette instabilité les amène en premier lieu à vouloir devenir… développeurs, soit à occuper le poste de ceux à qui ils s'opposent tous les jours. Ils leur supposent donc sans doute un confort et un pouvoir supérieurs aux leurs. Ils disent en avoir les qualifications et les développeurs qui viennent de la fonction financière en sont la preuve. Il faut cependant noter que cette instabilité n'est pas liée à un manque d'intérêt pour le travail. Dans certaines de ses composantes, celui-ci est perçu comme hautement qualifié et indispensable à la réussite des projets. Elle est due à un sur-travail qui prend au fil du temps des proportions démesurées, sans que personne puisse arrêter la machine infernale qui le génère. Il choque par rapport à la tranquillité relative des autres acteurs, les développeurs en particulier, et contribue ainsi à l'aigreur de leurs relations. Ainsi s'interroge t-on parfois de façon pusillanime sur qui a ou qui n'a pas le temps d'aller au cinéma ou de partir en week-end.

Enfin, les conseillers financiers portent sur leur propre façon de travailler un œil distancié et cynique : ils dénoncent leur incapacité à stopper la sophistication toujours croissante des modèles mathématiques qu'ils font « tourner » pour évaluer et contrôler les risques. Ils se désignent eux-mêmes par une expression vulgaire et grossière (je laisse au lecteur le soin de la trouver) qui exprime à quel point ils savent plonger indéfiniment dans les détails lorsqu'il s'agit d'évaluer la faisabilité financière d'un projet. Ils le font sans plaisanter, comme s'il s'agissait là d'une norme admise de leur activité. Mais l'utilisation de ces formules dévalorisantes montre que plus personne, et surtout pas eux, n'a de recul sur le fonctionnement de ce système : ces acteurs font des choses de plus en plus absurdes (ce sont eux qui le disent), sans plus les connecter aux nécessités réelles ni aux conséquences qu'elles induisent. On a donc lentement mais sûrement basculé d'une conflictualité naturelle et salutaire pour l'organisation à un jeu perdant-perdant qui échappe aux acteurs concernés.

L'analyse montre d'abord que cette situation non maîtrisée n'a été voulue par personne. Les interprétations paranoïaques ne sont d'aucun secours pour comprendre l'emballement de la machine. Ce qui se passe est le résultat d'événements et de décisions prises à tous niveaux, qui se rencontrent aujourd'hui et constituent un « carambolage » que personne ne contrôle. À l'origine, l'entreprise fonctionnait avec de vrais « pionniers », vivant une aventure exaltante correspondant à ce que j'ai appelé l'« entrepreneurship ». Ces défricheurs étaient par nécessité polyvalents et ne comptaient ni leur temps ni leur énergie. Les succès ont été reconnus et récompensés, jusqu'à ce qu'apparaisse cette norme de sur-travail qui a ensuite servi de référence et de mode d'évaluation implicite des nouveaux arrivants. Ce qui avait fait la réussite des « pères fondateurs » s'est mué en une référence incontournable, alors même que l'organisation cherchait elle aussi à se « professionnaliser ». Au cours de cette évolution, la norme « historique » est devenue de moins en moins légitime et acceptable. En témoigne le constat que les implantations les plus anciennes fonctionnent aujourd'hui sur un rythme normal, alors que les nouvelles continuent à reproduire le modèle ancien du succès par l'investissement de tous les instants.

Pourquoi cette norme de suractivité a-t-elle particulièrement impacté les conseillers financiers, qui non seulement persistent à l'appliquer où qu'ils soient, mais encore la développent avec frénésie ? La Division demande aux développeurs de ne pas « manquer » les affaires, dans ce secteur juteux mais très concurrentiel. En même temps, le groupe a une aversion instinctive pour tout ce qui peut représenter le moindre risque financier. Le « terrain » entend la première injonction, la hiérarchie financière la seconde. Il est vrai que la prévision et la gestion des risques exigent des modèles et des calculs de plus en plus sophistiqués. Mais personne n'a essayé d'évaluer la limite de l'exercice, l'endroit où il fallait placer le curseur. La sphère financière ne veut donc rien laisser échapper (logique du sur-contrôle) et, pour ce faire, pousse l'expertise à un degré toujours plus élevé, quel que soit le surtravail que cela implique pour ceux de ses membres qui sont dans les projets. Et afin d'être sûr que rien n'est laissé au hasard, on ajoute à la pression de la tâche de base (le calcul) un contrôle de plus en plus tatillon qui verse de l'huile sur le feu des relations.

Par ce biais, un contentieux se règle que tout le monde connaît mais qui fait partie des non-dits de l'entreprise : dans le développement des projets, les développeurs sont les acteurs libres du système. Leur façon de travailler ne dépend que d'eux-mêmes, ce qui leur permet d'avoir de larges marges de manœuvre. Les conseillers financiers sont au contraire très contraints compte tenu de la matière qui est la leur. Ils subissent une pression forte de leur hiérarchie pour ne rien laisser échapper et une exigence tout aussi forte des développeurs qui recherchent rapidité et souplesse, ce dernier mot ne pouvant que hérisser les financiers. Mais les chefs de projet assurent l'interface avec le client et doivent avoir une « vision globale » du projet. Pour pouvoir agir le plus librement possible ils cherchent à « intégrer » les supports qui composent leur équipe. Cela place les financiers sous la menace d'une dépendance exclusive vis-à-vis des développeurs et ils y répondent par une complexification sans fin de leurs calculs et de leurs modèles. Pour ce faire, ils peuvent s'appuyer sur le groupe et sur son obsession de la minimisation des risques. Ils « durcissent » leurs exigences et leurs contrôles et s'assurent ainsi une relative indépendance face aux développeurs. Ils sont donc à la fois victimes et complices du fonctionnement de cette organisation. On comprend dès lors qu'ils souhaitent que cette situation soit reconnue et « valorisée » comme il se doit.

Mais au-delà des polémiques factuelles, il apparaît bien que ce système n'est plus sous contrôle, cette fois encore parce qu'il n'a pas su maîtriser les dérives de ses propres procédures. Les spirales de sophistication et les jeux perdant-perdant se développent sans fin et peuvent à terme conduire à des formes sournoises de paralysie ou à des prises de risques incontrôlées : on voit aujourd'hui des développeurs « cacher la copie » aux conseillers financiers, leur donner des informations incomplètes, les mettre devant le fait accompli et s'en réjouir. Il y a donc une très faible homogénéité dans les équipes, l'intérêt commun est réduit à néant et tous acceptent le « chacun pour soi » comme règle de vie d'un collectif qui n'en est plus un. Dès lors les chiffres se moulinent pour partie dans le vide, ce qui renforce la crainte d'erreurs graves à laquelle on répond par toujours plus de sophistication… Ainsi vont les organisations qui ont détruit simplicité et confiance.

CHAPITRE VI

Confiance détruite, confiance construite

Les entreprises ont donc une étonnante capacité à détruire la confiance qui a assuré les succès initiaux de la plupart d'entre elles. Dès lors qu'elles souhaitent substituer à l'initiative, à la bonne volonté ou au sérieux de leurs salariés des processus et des contrôles renforcés, elles font passer un message clair de défiance et tout le monde le comprend ainsi. Pourtant les entreprises en parlent beaucoup, comme elles parlent de la simplicité. En fait, elles s'en méfient. Cela relève d'une tendance des organisations – et pas seulement des entreprises – à valoriser des thèmes qui sont à l'exact opposé de leurs pratiques. Après tout, les partis politiques font toujours scission au nom de l'unité et personne ne s'en émeut.

Cette tendance est d'autant plus surprenante que l'« investissement dans les hommes » est toujours défini comme une priorité. Attirer et retenir les talents est la base de toute politique RH. Leur donner les moyens d'exercer leurs compétences de façon autonome, dans des univers ouverts et une atmosphère de confiance réciproque, est l'épine dorsale du discours de tout recruteur et de la rhétorique que développe une entreprise lorsqu'elle se regarde dans le miroir qui va lui dire combien elle est belle.

Il est vrai que la confiance est un sujet délicat et je ne crois pas que les entreprises aient sérieusement cherché à comprendre quels en sont les mécanismes. Elles en font une disposition d'esprit, donc l'individualisent, sans chercher à en voir les composantes « systémiques ». Elles versent alors dans le volontarisme du « fais-moi confiance »... qui ne suscite que de la méfiance. Il faut donc les aider à y voir plus clair et leur montrer comment la confiance peut être aussi bien détruite que construite par les modes de fonctionnement que l'on met en place.

Soyons simples dans un premier temps : savoir ce que chacun doit faire dans une collectivité ne nécessite pas que les tâches soient analysées ou disséquées, ni que la façon de les accomplir soit couchée sur le papier. Il ne viendrait à l'idée d'aucune famille d'écrire la « charte de la vie de famille » et de l'afficher à l'entrée de chaque pièce. De même ne définit-on pas par écrit le processus du lever, du petit déjeuner, du déjeuner, du dîner et du coucher. Les acteurs savent ce qu'ils doivent faire pour que le vivre ensemble soit non seulement possible mais aussi agréable. Est-ce à dire, comme on l'affirme parfois avec platitude, que c'est la croissance de l'organisation qui rend inéluctable la formalisation toujours plus précise des tâches de chacun et leur inscription sur les tables de la loi ? Nous verrons plus loin qu'il n'y a aucune fatalité.

Qu'est-ce que la confiance ?

Ce qui fait défaut, c'est la compréhension des mécanismes qui rendent possible cette confiance tant recherchée et que l'on pourrait retrouver dans n'importe quelle organisation, quelle que soit sa taille. Nous ne nous fions pas aux autres, quand nous ne savons pas ce qu'ils feront si tel ou tel événement se produit ou si nous leur communiquons une information importante. Ils sont donc « incertains » pour nous et leurs comportements sont imprévisibles. Et cette imprévisibilité n'est pas le fait d'acteurs erratiques qui réagiraient au hasard et au gré des événements. Elle est de nature « stratégique », car elle nous prive de la possibilité de savoir ce qui est important pour les autres, donc d'apprécier le pouvoir que l'on pourrait avoir sur eux. C'est une répétition simplifiée des phénomènes d'incertitude que Michel Crozier a magnifiquement décrits dans *Le Phénomène bureaucratique*[1]. Plus l'acteur est incertain, plus il a de pouvoir, et moins on peut lui faire confiance.

Renversons la proposition : ce qui va permettre la confiance, c'est la réduction de l'incertitude des comportements, ce que les philosophes, il faut le rappeler aux entreprises qui se gargarisent de ce mot sans toujours en comprendre le sens, appellent l'« éthique[2] ». Être « éthique » dans la vie collective, ce n'est pas être honnête au sens un peu simpliste du terme, mais accepter de réduire l'incertitude de son comportement. Remarquons qu'il s'agit là de la base de toute relation forte et durable.

Dès lors, pourquoi un acteur accepterait-il de devenir plus prévisible et donc, d'une certaine façon, de perdre un peu de sa liberté au profit du collectif auquel il appartient ? Précisément parce qu'il existe des *règles du jeu* qui lui garantissent que, s'il se « découvre », il y a des limites à l'usage que les autres acteurs peuvent faire de cette ouverture. Encore une fois, il ne s'agit pas de coucher dans des documents écrits de nouvelles règles ou procédures, dont on a vu les aspects dévastateurs. Les acteurs

1. Michel Crozier, *Le Phénomène bureaucratique. Essai sur les tendances bureaucratiques des systèmes d'organisation modernes et sur leurs relations en France avec le système social et culturel*, Paris, Seuil, 1966.

2. Sur la notion d'éthique et ses relations avec le management, on peut se reporter à David Pastoriza, Miguel A. Ariño et Joan E. Ricart, « Ethical Managerial Behavior as an Antecedent of Organizational Social Capital », *Journal of Business Ethics*, vol. 78, n° 3, mars 2008, p. 329-341.

concernés doivent définir entre eux, et de façon simple, ce qui est acceptable et ce qui ne l'est pas dans leurs relations, et quelles sanctions seront appliquées en cas de non-observation de ces règles du jeu. Ici encore, le mot « sanction » peut prêter à confusion. Il ne désigne pas une « retenue sur salaire », un « avertissement », mais plutôt une exclusion de la communauté qui a créé et accepté ses propres normes.

Il me revient en mémoire la fusion de deux entreprises entre lesquelles l'« audit culturel » avait révélé de profondes différences de pratiques. L'une d'elles touchait à la discipline face aux décisions actées : dans la première entreprise, elles étaient respectées et avaient donc force de loi ; dans la seconde, pour faire bref, elles constituaient une bonne base de discussion. Cela pourrait faire sourire. En fait, il y avait là un obstacle majeur au bon fonctionnement du nouveau comité exécutif qui se mettait en place et à la possibilité pour ses membres d'établir une relation de confiance, essentielle pour le succès de cette fusion. Les territoires de chacun une fois définis, les premiers considéreraient cela comme un acquis et respecteraient les décisions prises ; les seconds y verraient au contraire un point de départ pour augmenter pas à pas leur part du gâteau… rendant impossible l'établissement d'une relation de confiance entre ces acteurs qui se connaissaient peu. Des « règles du jeu » librement consenties auraient pu établir que ce qui avait été décidé serait respecté et que quiconque chercherait à étendre son territoire s'exclurait de lui-même de ce comité exécutif. Ce n'est pas un processus, c'est une règle du jeu. Ce n'est pas contraignant, c'est librement consenti. Ce qui en résulte n'est pas de la méfiance mais de la confiance qui permet d'aller beaucoup plus loin dans l'action collective. Voici à nouveau deux « voyages » dans des entreprises qui ont dû affronter cette question. La première a tué la confiance en lui substituant une bureaucratie procédurière. La seconde, poussée par la nécessité, a fait l'inverse, pour le plus grand bien de tous, entreprise et salariés. Anticipant une notion qui sera développée dans la dernière partie, nous pourrions dire qu'elle a créé de l'intérêt collectif, ce après quoi courent en vain les entreprises, parce qu'elles ne comprennent pas bien les mécanismes qui rendent possibles et viables ces communautés.

Penchons-nous sur l'une des filiales européennes d'une grande entreprise de cosmétiques. Indépendante à l'origine, elle a été rachetée par le groupe il y a une dizaine d'années. Elle a conservé une grande indépendance jusqu'à ce que la maison mère procède à une autre acquisition dans un pays voisin. Il a alors été décidé que l'ensemble devait être intégré et c'est ce passage de l'autonomie à l'intégration qui fut l'objet de mon travail[1].

Disons-le sans détours, ce passage se passe mal : il provoque inquiétudes, angoisses et incompréhension et de ce fait la souffrance et le désengagement d'un certain nombre d'acteurs. La première réaction – naïve certes – de l'observateur extérieur sera de trouver cela bien dommage. Voilà en effet un univers traditionnel (celui de l'entreprise d'origine), disparu dans les faits mais omniprésent dans les têtes, dans lequel les acteurs trouvaient un intérêt au travail, s'investissaient, développaient une bonne volonté sans faille, moyennant une reconnaissance financière mais aussi sociale : travailler dans cette entreprise valait caution auprès de son banquier. L'accord implicite entre l'entreprise et ses salariés était clair, perçu comme gagnant-gagnant par les deux parties. Même le rachat par le groupe n'avait pas réussi à bouleverser cet équilibre, les dirigeants « historiques » de l'entreprise, maintenus en place, se dressant en bloc contre toute tentative du groupe pour mettre la main sur sa nouvelle filiale. J'ai eu l'occasion de voir ce film à de multiples reprises !

1. Il a été réalisé en 2010.

Tout aussi classique est la suite de l'histoire : le rachat de la deuxième filiale par le groupe a permis un « jeu de bande » qui a profondément changé la donne. Il s'est d'abord soldé par le départ de l'équipe en place dans la filiale que nous observons. Il a ensuite été l'occasion d'affirmer la volonté de créer un « groupe intégré », par la production de normes, de procédures, de systèmes de reporting (le lecteur commence sans doute à s'y habituer !) unifiés dans toutes les filiales. Pour celle qui nous intéresse, le choc a été d'autant plus rude que ce changement ne fut pas ou fut peu accompagné. Et même si les salariés ont compris ce qui se passait, la transition n'en a pas été rendue plus facile pour autant. L'un d'eux décrit ainsi les changements qu'il perçoit dans sa vie quotidienne :

> On est de plus en plus bordés de règles. L'aspect réglementaire ne cesse de se renforcer jour après jour [référence aux autorités sanitaires européennes qui surveillent toujours plus étroitement l'industrie du cosmétique]. C'est la même chose pour les procédures internes. C'est assez récent. C'est avec la nouvelle acquisition. Ils nous ont dit que maintenant on était globaux… bon… pourquoi pas…

Cette évolution, vécue comme une révolution, a donné un sentiment de reprise en main, de perte d'autonomie, de « procédurisation » dans un monde reposant jusque-là sur la confiance et la simplicité. Elle n'a pas manqué de générer chez les acteurs angoisse et culpabilité devant leurs difficultés à s'adapter à cette nouvelle donne et à y produire le même investissement et la même qualité qu'auparavant. Car ces procédures ont brutalement alourdi et complexifié les tâches ! Cela a conduit l'encadrement de proximité – des chimistes, des pharmaciens aussi bien que des ouvriers qualifiés – à tenter désespérément de protéger ses troupes. Ils y ont un intérêt bien pensé : ils savent qu'ils ont beaucoup à perdre en termes de sérieux, d'investissement ou de fidélité des salariés dans ces nouveaux modes de gestion qui envoient plutôt des signes de défiance. D'autres se sont réfugiés dans le fatalisme, dernière étape avant le découragement :

> Plus ça va et plus il y a d'indicateurs, d'objectifs et de je ne sais quoi. On ne peut pas atteindre tout ça en même temps. Du coup, on ne va jamais jusqu'au bout. On passe à autre chose.

À lui tout seul, ce témoignage devrait attirer l'attention des dirigeants sur les risques encourus : à ce stade, le choc est frontal et les acteurs sont avant tout désorientés. Mais l'expérience montre que, si rien n'est fait, les plus dynamiques ne tarderont pas à « jouer » avec la nouvelle donne. Ils utiliseront les inévitables contradictions et redondances entre tous ces indicateurs, procédures et autres pour se constituer des zones d'autonomie dans lesquelles il sera bien difficile de venir les chercher. On constate une fois encore que trop de contrôle tue le contrôle !

Il faut ajouter à cette peinture initiale du décor le fait qu'il y a dans l'entreprise des inquiétudes sérieuses quant à l'avenir, qui sont celles de notre temps. Les productions de la filiale ne correspondent pas exactement à la nouvelle orientation du groupe, qui se tourne vers le cosmétique « bio », abandonnant à la concurrence des champs d'activités plus classiques. La nouvelle direction fait des efforts pour réorienter sa propre production en ce sens, mais les salariés n'en ont guère conscience. Au contraire, ils constatent avec une inquiétude croissante l'écart qui ne cesse de se creuser entre ce que fait la filiale et ce vers quoi semble se diriger le groupe. Des fermetures de sites, ceux chargés de la recherche et du développement en particulier, ont déjà eu lieu sans que les salariés en perçoivent la raison. L'inquiétude générale grandit. Bref, cet univers s'est « déstructuré ».

Le passage de la confiance à la défiance

Tentons maintenant de comprendre en profondeur son fonctionnement quotidien. Pour ce faire, il faut noter que l'entreprise initiale, aujourd'hui mythifiée par ceux qui l'ont connue comme par ceux qui en ont « entendu parler », fonctionnait sur une logique d'abondance des ressources. Cela permettait d'« acheter » une population par ailleurs très consciente et reconnaissante des avantages qu'elle obtenait... parfois à sa grande surprise ! Des opérateurs se sont émerveillés, pendant les entretiens, d'avoir parfois reçu des primes « énormes » auxquelles ils ne s'attendaient pas.

Aujourd'hui, ces acteurs continuent d'apprécier les conditions matérielles et humaines dans lesquelles ils travaillent – et ils comparent en permanence leur situation avec ce qu'ils connaissent à l'extérieur – tout en constatant qu'elles commencent à se détériorer. Chacun se dit content de son sort, tout en notant que ses voisins de travail le sont de moins en moins. C'est un signe qui trahit l'inquiétude latente de cette population :

> Au niveau de l'encadrement, on s'occupe de moi. On me demande des nouvelles quand je suis malade. Il y a une bonne gestion du personnel. On est loin d'être des numéros... mais je crois que ce sentiment est loin d'être partagé. Par exemple, les gens commencent à râler sur les horaires et la pénibilité du travail. Ce sont les vieux qui se plaignent le plus.

> Le salaire, c'est globalement positif. Moi, je ne me plains pas. Le seul truc, c'est que les gens commencent à se plaindre qu'on n'a pas de gros salaires de base et que les bonnes primes, c'est bien, mais ça ne compte pas pour les retraites.

Malgré cela, le modèle traditionnel qui reste – provisoirement ? – dominant est bien celui d'une relation de confiance qui se traduit à tous les niveaux par une autonomie au travail très appréciée, laquelle s'échange contre une bonne volonté de tous les instants de la part des salariés. C'est le modèle initial de la filiale, quand elle était « libre », qui a apporté tant de satisfactions aux acteurs et qui surprend encore les nouveaux entrants : ils le perçoivent d'autant plus comme un défaut d'organisation qu'ils viennent eux-mêmes d'univers déjà « normalisés ». Une confiance, donc, que tous les acteurs ont décrite à l'envi à peu près dans les mêmes termes.

> Je suis très bien dans mon poste et j'apprécie beaucoup la façon dont sont menés les entretiens d'évaluation. Mon responsable me fait confiance et je dispose d'une grande autonomie.

> Les chefs nous disent les impératifs dans les réunions, mais ensuite ils ne sont pas toujours derrière nous. Ils nous font confiance.

Il ne faut pas se méprendre sur l'identité des « chefs ». Les salariés désignent ainsi leur encadrement immédiat. Il ne peut d'ailleurs pas en être autrement, tant la distance hiérarchique est grande dans cette organisation, où ceux qui ne sont pas directement en contact avec la « base » sont perçus comme lointains, pour ne pas dire distants. Mais c'est le cas depuis toujours et cela ne pose aucun problème.

Même si ce modèle où l'on échange de la bonne volonté contre de l'autonomie se dégrade sous la pression des procédures, les acteurs locaux cherchent à en préserver l'essentiel en l'adaptant aux circonstances nouvelles : les agents sont prêts à faire ce qu'ils peuvent pour que « ça marche quand même » (on appréciera le paradoxe !), alors que l'encadrement de proximité essaie de les protéger contre ce flot procédurier nouveau dont tous ont du mal à comprendre l'utilité. Ce que disent agents, techniciens, responsables de premier niveau devrait (aurait dû ?) alerter. C'est le discours toujours répété, au mot près, par ceux qui « subissent » ces phases de rationalisation :

> Je sais que derrière moi les gens font leur maximum, comme toujours. Mais ça devient de plus en plus dur, car les procédures deviennent de plus en plus strictes et les contrôles de plus en plus importants. On est parfois obligés d'arbitrer entre qualité et production, mais on ne peut pas passer deux heures à régler le scotchage d'un carton pour qu'il soit conforme.

Or cette invasion des procédures concerne toutes les activités et tous les sites. Rares sont les interviewés qui n'y ont pas fait référence de façon spontanée, à l'exception comme nous l'avons noté des nouveaux entrants. Mais pour les autres, tous les autres, c'est un message de défiance qu'ils perçoivent, et les dénégations des dirigeants et du groupe n'y changent rien. Cette défiance se substitue à la confiance antérieure, sans qu'un quelconque sens ait été donné à cette transformation radicale. Car les entreprises aiment donner du sens. Elles pensent même que c'est une condition *sine qua non* de l'adhésion de leurs salariés, depuis que la « création de la valeur pour l'actionnaire » a fait un flop retentissant. Dans le cas qui nous occupe, c'est du non-sens qui a été donné, ce dont ils témoignent parfois avec véhémence, parfois avec amertume :

> Vous voulez l'exemple des frais de déplacement des commerciaux ? Le visiteur les saisit sur son ordinateur et me les envoie ; je contrôle et je valide. Je les envoie à la comptabilité qui les valide à son tour, puis ça va à un autre service qui fait la même chose. Vous savez quelle est la seule valeur ajoutée de tout ça ? C'est que les frais ne sont pas remboursés en temps et heure aux commerciaux.

On nous donne beaucoup de responsabilités, mais on avait beaucoup plus de liberté avant. On a des procédures qui ne font que nous ralentir et on a de plus en plus le sentiment d'être fliqués. On ne cesse de nous poser des questions qu'on ne nous posait pas avant.

Mes collaborateurs en ont marre ! Vraiment marre ! Tout le monde demande du reporting et franchement, ça commence à être lourd.

On comprend aisément le nouveau modèle qui se dessine et qui ne surprendra pas le lecteur de ce livre : comme souvent, cette entreprise entre en phase d'intégration par les procédures, sous la pression de sa maison mère qui a enfin réussi à « mettre la main sur elle ». Ce faisant, elle remet en cause le modèle d'arrangement traditionnel entre les acteurs, fondé sur la confiance, garantie par des règles du jeu connues de tous : « Je te laisse tranquille, mais la production sortira comme prévu quoi qu'il arrive. » L'encadrement, qui n'est pas au contact direct des salariés, les « fonctionnels » comme on dit avec quelque mépris, n'est pas ou ne se sent pas en position de contenir le mouvement. Au contraire même, ainsi que le suggèrent les témoignages qui précèdent, il joue un rôle d'accélérateur qui lui permet de se positionner dans la logique qu'il voit devenir dominante. Et cette stratégie d'accentuation renforce le désarroi du reste de l'organisation.

Le rôle protecteur de l'encadrement de proximité

Ceux qui cherchent à réagir, nous l'avons dit, sont les encadrants de proximité dans tous les secteurs de l'entreprise. Il s'agit pour eux d'une condition de survie « politique » : si l'échange traditionnel se détériore trop, ils savent que cela altérera plus ou moins vite la bonne volonté de leurs collaborateurs. Dans toute entreprise, le scénario est le même : ils seront rendus responsables de cette dégradation par des dirigeants qui ne perçoivent pas – ou plus sûrement ne souhaitent pas percevoir – la dimension systémique du problème. Par ailleurs, ils anticipent à juste titre que la surabondance des règles et des processus ne manquera pas de se substituer à terme à leur « arbitraire », le libre arbitre qui leur permettait d'avoir du pouvoir sur leurs collaborateurs immédiats.

La stratégie de l'encadrement de proximité est donc à l'exact opposé de celle que nous avons observée chez les autres cadres : ils n'accentuent pas, ils atténuent, quitte à se trouver eux-mêmes dans des situations désespérées et désespérantes – mais aussi parfois dangereuses – de sur-travail. Ils sont devenus la « variable d'ajustement » d'un système qui s'emballe et que rien ne semble pouvoir arrêter. Les agents l'ont compris et leur en savent gré :

> Moi je vois bien que nos encadrants ont beaucoup plus de pression que nous. Ils sont toujours stressés. Ça ne donne pas envie d'être à leur place ! En revanche, il faut dire que ça ne retombe pas sur nous.

> Si je travaille sous pression ? Oh non ! Ça va, je suis bien. Je n'ai pas du tout de pression. Mais ce n'est pas le cas de la chef. Elle, elle est toujours à courir pour boucher les trous.

Adopter une stratégie d'atténuation et de compensation au sein d'un univers dans lequel les acteurs sont habitués à faire de leur mieux ne peut que susciter chez ces derniers culpabilité et découragement : avoir à faire plus, toujours plus, puisqu'il ne faut pas que ça retombe sur les autres, amène à constater que ce n'est parfois pas possible, quelle que soit l'énergie que l'on y met. Serait-ce donc qu'on est moins bon ? On se met la pression soi-même, mécanisme d'autoculpabilisation, et on n'y arrive pas, ce qui provoque la perte de l'estime de soi. On n'est dès lors pas très loin des risques psychosociaux. Voici comment ces cadres de terrain vivent cette difficile situation :

> De temps en temps, j'ai beaucoup de travail, beaucoup trop. C'est sans doute que je le veux bien. Je ne sais pas dire non et peut-être que je ne sais pas déléguer. Donc je me noie et ça m'angoisse.
>
> Ce qui me stresse, c'est que j'aime les choses bien faites. J'ai du mal à les faire à moitié. Voir que les réclamations des clients ou des distributeurs s'accumulent, ça me mine.
>
> C'est tous les jours une pression infernale que j'essaie de ne pas transmettre. Ça vient de tout ce qu'il y a à faire. Tout le monde veut des données, réclame des urgences qui sont très difficiles à gérer. Si je voulais tout faire correctement, je crois que ce serait encore pire. Tout ce que je fais, c'est parer au plus pressé.
>
> Je travaille à 150 %. On a trop de travail. Les demandes arrivent de partout, de notre management et surtout des autres services. Dans le cadre de l'amélioration de nos processus, on nous en demande toujours plus. Parfois j'en ai marre, parce que j'ai l'impression que je n'y arriverai jamais. J'ai une impression générale d'être débordé, mais j'ai du mal à concrétiser ce qui ne va pas. J'essaie de ne pas faire subir tout ça à mon équipe, mais ils en ont trop. Eux non plus ils n'y arrivent pas.

On observe ici un effet induit du déluge des procédures et des processus, que les entreprises ont du mal à mesurer et donc à gérer. Il déséquilibre de façon différenciée les charges de travail, en en ajoutant aux uns jusqu'à l'insupportable, en en retranchant – c'est plus rare – aux autres. Les déséquilibres s'ajoutent alors aux déséquilibres et créent des situations qui « explosent » soudainement, sans que personne les ait vues venir.

Pour résumer ce cas, on comprend sans surprise que c'est un pur « effet de système » qui est ici à l'œuvre et qui, dans l'immédiat, n'est pas maîtrisé : une maison mère qui, pour des raisons qui lui sont propres mais qui ont sans doute beaucoup à voir avec la mode managériale, décide d'« aligner » toutes ses filiales ; des services fonctionnels qui accentuent ce mouvement selon une logique dans laquelle personne ne commande mais tout le monde obéit ; un encadrement de proximité qui subit de plein fouet ce virage et tente d'en épargner les conséquences à ses collaborateurs. La traditionnelle implication au travail, fruit d'une confiance jamais trahie, se heurte brutalement à des demandes pressantes et croissantes, ce qui produit au choix découragement, retrait, détresse et souffrance. La confiance se rompt et l'on peine à imaginer qu'elle puisse être remplacée par un fonctionnement – même harmonieux – des processus.

Penchons-nous maintenant sur une situation qui s'est développée de façon très différente de celle-ci. On y trouve certes des points communs avec la précédente, et les dirigeants n'y sont pas plus avisés, mais le système s'est construit de telle manière que ceux qui décident n'ont jamais eu la latitude de se lancer dans des contrôles procéduriers. Ils en prennent acte, à la manière dont Napoléon disait, évoquant ses soldats : « Je suis leur chef, donc je les suis », et constatent que, finalement, ils ne s'en trouvent pas plus mal. Les contraintes qui pèsent sur la gestion des personnels dont il va être question ont, une fois n'est pas coutume, servi de modérateur à l'envahissement procédurier.

Le conservatisme du bien-être

Nous regardons vivre la distribution du courrier dans un grand pays d'Europe méditerranéenne[1], et la surprise est immédiate : alors que le travail est globalement devenu un problème, un poids, une angoisse, une souffrance qui provoque des troubles pouvant conduire à des comportements extrêmes, les facteurs ici aiment leur métier, ils sont heureux de l'exercer, jusqu'à parfois se décrire comme des privilégiés. Ce bonheur n'est pas qu'un avantage : on sait qu'il est difficile de modifier les habitudes des gens heureux et bien dans leur travail. Ceux-ci ne voient donc pas d'un œil favorable les réorganisations que leur entreprise met en œuvre pour pallier la diminution du courrier, phénomène que connaissent tous les pays comparables. J'avais d'ailleurs intitulé ce rapport : « Une population heureuse et qui entend le rester ».

Ce « conservatisme du bien-être » est accentué par les comparaisons que ces facteurs établissent avec ce qu'ils observent dans leur environnement familial ou amical. Car, pour la plupart, ils ont connu autre chose. Ils viennent de milieux divers, sont arrivés dans l'entreprise soit par continuité familiale (une minorité), soit par hasard, mais jamais par un circuit officiel de gestion de l'emploi. Ce sont donc des « pro-actifs ». Ils ont souvent exercé d'autres activités, parfois très éloignées de ce qu'ils font aujourd'hui, et ont ainsi tous les moyens de porter une appréciation argumentée sur leur situation du moment. Cela ne fait que renforcer leur sentiment de vivre quelque chose de particulier, très positif, dont la contre-image serait l'usine, la monotonie, les chefs en permanence sur le dos des salariés. D'ailleurs, plus la « crise »

1. Ce travail a été réalisé en 2010.

crée autour d'eux des situations stressantes et angoissantes et plus ces facteurs considèrent qu'ils vivent dans un « cocon », pour reprendre leurs termes. De ce point de vue, peu de différence entre eux, des nuances tout au plus. Que l'on soit facteur des villes ou facteur des champs, récent ou ancien, fonctionnaire ou contractuel[1] (la proportion est de 50-50), la satisfaction au travail est à peu près la même. Certes, « la charge augmente », les tournées redécoupées[2] « posent des problèmes aux clients », mais tout cela n'est que broutille par rapport au reste du métier.

Plus surprenant encore : appelés à décrire les aspects positifs ou négatifs de leur travail, aucun de ces facteurs n'a fait référence à sa rémunération. Une minorité a même fait part de sa satisfaction. Tout cela est cohérent avec ce qui précède : dans ce monde de « petits boulots », de précaires, de stagiaires, une rémunération régulière à laquelle s'ajoutent des primes apparaît comme une situation confortable. Relevons au passage un point de méthode : ce silence est un « marqueur » sociologique, au sens où ne pas aborder un thème dans un entretien ouvert indique que ce thème n'est pas au cœur des préoccupations de l'interviewé. On aura compris que cela tient à la capacité de ces facteurs de compléter eux-mêmes, dans les proportions qu'ils décident, cette rémunération. La règle du « fini, parti » rend possible une seconde activité, y compris en effectuant autant d'heures supplémentaires que l'on veut dans l'entreprise. Et ce choix relève du facteur, pas de sa hiérarchie. Son autonomie est ainsi préservée. Pas de surprise donc à ce qu'ils acceptent un salaire de base modeste en échange

1. Il ne faut pas se tromper sur ce que recouvre la notion de « contractuel » dans ce qui est encore une administration publique. On désigne ainsi des gens qui ne bénéficient pas du statut, mais ont des contrats à durée indéterminée.

2. On appelle cela des tournées « sécables ». Elles peuvent être découpées et réparties entre d'autres facteurs si l'un d'entre eux est en congé ou absent ou si le trafic est moins important, pendant les périodes de vacances par exemple.

d'une inappréciable autonomie au travail, y compris dans le choix des horaires, ce qui permet de le compenser en tant que de besoin. Il y a de quoi être heureux !

Certes, les appréciations portées font apparaître des nuances. Certes, l'accroissement de la charge suscite des inquiétudes, mais à long terme, car elle n'est pas aujourd'hui un problème ; certes, il y a des « poches de mécontentement », fruits de situations locales ; sans doute les plus anciens sont-ils plus réservés que les jeunes, auxquels ils reprochent par ailleurs un faible investissement au travail... ce que l'observation contredit. Mais tout cela relève de la rhétorique qui a cours dans les organisations et n'entache pas la satisfaction générale : il fait bon être facteur dans cette entreprise.

Un exemple de bonheur au travail

Au-delà de ce premier regard, on peut se demander pourquoi ces postiers sont si heureux.

L'explication n'est pas à chercher parmi les traditionnels motifs de satisfaction au travail. Pas plus qu'ils n'ont mentionné le salaire comme un point positif ou négatif de leur situation de travail ces facteurs n'ont évoqué la sécurité de l'emploi dont tous bénéficient. De ce point de vue, ils ne se distinguent pas du reste de la population : ils ont compris que la précarité est une composante de la société dans laquelle ils vivent et même si leur contrat de travail leur assure la stabilité de l'emploi, ils ne le considèrent pas comme une garantie inaliénable.

Il faut aller chercher ailleurs les raisons de ce « vécu » si positif. Il relève du travail lui-même, ou, pour le distinguer de la tâche, des conditions dans lesquelles il s'effectue. Celles-ci forment un tout cohérent, très intégré, et donnent au facteur le sentiment justifié qu'il contrôle sa vie, son rythme, son investissement. L'inverse – et ils le confirment – serait le travail « conditionné » (par le rythme d'une chaîne ou d'une ligne), des horaires fixes, un chef omniprésent et l'absence de marges de manœuvre. Observons de façon « clinique » leurs comportements au travail : ce qui frappe en tout premier lieu, c'est leur souhait, maintes fois répété, d'être « dehors » le plus vite possible. De ce point de vue, la mécanisation du tri jusque dans l'établissement n'a pas changé grand-chose à leurs comportements. Ils continuent à se lever tôt, très tôt, plus tôt que nécessaire, et arrivent dans l'établissement à l'heure à laquelle ils savent qu'arrive le camion apportant le courrier. Quelle que soit l'importance du tri final qu'ils ont à effectuer, l'heure de fin de tournée varie très peu, ce qui indique que les marges de productivité restent importantes. Cela signifie surtout que, pour les facteurs, l'heure de fin de tournée est et doit demeurer un invariant non négociable. En d'autres termes, cette population s'est constitué une « échelle des degrés de liberté » qui peut se décrire d'autant plus simplement qu'elle est explicitée par les acteurs eux-mêmes : la présence dans l'établissement constitue la phase la plus contraignante, il faut donc la réduire au minimum incompressible du tri final ; la tournée est un espace de liberté appréciable et apprécié ; sa fin conditionne la « liberté absolue », celle d'utiliser son temps comme on l'entend. Autant dire que l'on a affaire à un univers « structuré ». Quelques témoignages vont illustrer cette gestion de la vie de travail :

> Ce qu'il y a de négatif dans le travail, c'est le piquage[1]. Je dois être là à 6 h 30, mais je me lève à 5 heures et j'arrive à 6 heures. J'arrive en avance car ça me permet de sortir plus tôt.

1. Le tri final.

> Ce que j'apprécie dans ce travail, c'est la liberté. Tant qu'on fait bien son travail et qu'on respecte les quelques règles, on a beaucoup d'autonomie. Bien sûr, il y a les deux heures à passer dans l'établissement. Mais dès qu'on distribue, c'est la liberté, on est son propre chef.
>
> Le matin on fait une heure de tri. Là, c'est vrai qu'il y a une certaine pression. On n'a pas le droit de trop parler et il faut respecter la cadence sinon les autres vous disputent. Mais une fois dehors, on n'a plus personne derrière, on fait la tournée à notre rythme. Dès que je suis dehors, c'est le bonheur absolu.

Ainsi, nul besoin de processus pour s'assurer que le travail est fait. Il n'est pas davantage besoin de mesurer les temps et les mouvements. La pression du groupe et l'intérêt collectif – terminer le plus vite possible – y pourvoient. Et pas de travail bâclé non plus, car en ce cas la tournée en pâtirait. En effet, si le travail dans l'établissement est un travail contraint, la tournée est effectuée à la manière d'un travailleur indépendant (« mon rythme, mes clients, mon savoir »). Le contraste entre ces deux phases est tel qu'il donne parfois au facteur le sentiment de vivre deux vies de travail. Ce qui permet d'accepter la première, c'est qu'elle est la condition de la seconde, mais entre les deux, le choix est vite fait. Ici, une remarque s'impose : cette logique de travailleur indépendant rend difficile toute tentative de la direction pour étendre le « temps contraint » par rapport au temps « semi-libre ». En outre, cette logique conduit les facteurs à s'accaparer le client – celui qui reçoit le courrier – selon des modalités qui ne sont pas sans rappeler ce qui a été développé au premier chapitre.

Le facteur est donc un « marginal-sécant », à la fois dans l'organisation et hors de celle-ci, exerçant un monopole incontesté sur le contact au client final. De cette position, il tire une grande autonomie enracinée dans son savoir-faire (sans doute exagéré).

Pour asseoir et étendre cette position, il pratique vis-à-vis du client une sur-qualité hors d'atteinte dans le cadre d'un fonctionnement « normal ». Le moment venu, il pourra faire peser sur son entreprise la menace d'une dégradation du service offert au client si des changements venaient à remettre en cause sa situation favorable ; sa stratégie est semblable à celle développée par les professeurs de médecine pour s'opposer à la réforme des hôpitaux : là où les uns mobilisent les patients, les autres mobilisent les clients.

Individualisme et individualisation du service

L'individualisation du service et la sur-qualité qui ont « construit » l'image du facteur (faire des courses, rapporter des cigarettes, des médicaments ou des journaux) n'ont cependant pas que des avantages. Elles traduisent un grand individualisme (nous avons évoqué ces comportements de travailleurs indépendants) et entravent donc l'introduction d'une dimension collective qui pourrait donner plus de souplesse à l'organisation. La perspective d'un « travail en équipe » est rejetée. Elle est perçue comme une menace, une atteinte à ce qui fait l'intérêt du travail des facteurs et justifie à la fois qu'ils se lèvent tôt, qu'ils acceptent sans rechigner un salaire très moyen et qu'ils finissent par vivre la rudesse des hivers comme l'occasion de réaliser des exploits... au service des clients évidemment. C'est d'ailleurs ce qui permet à ces facteurs de s'ériger en rempart contre l'arrivée d'une concurrence qu'ils commencent à voir « tourner » sur leurs territoires. Quelques témoignages illustrent ces pratiques de sur-qualité :

> Moi je sais qu'il y a des gens chez qui il ne faut pas sonner le matin parce qu'ils dorment. Alors soit je repasse en fin de tournée,

soit je sais quand je peux donner le recommandé à un voisin. C'est pareil pour les journaux. Les personnes âgées aiment les recevoir à une heure précise. J'essaie de respecter cela.

Vous savez, on est très bien accueillis chez les gens. Ils nous invitent à boire le café et nous on leur rend plein de petits services : les timbres, les médicaments, les cigarettes...

Avec les clients, on fait partie de la famille. Pour certains, on est le Messie. Alors on rend des petits services : on change la bouteille de gaz, les ampoules. On amène le pain et les médicaments.

Autour du grand stade qu'il y a dans ma tournée, il n'y a pas de boîte pour poster son courrier. Alors quand je descends de voiture, je laisse la fenêtre ouverte et quand je reviens, je trouve plein de courrier.

Ces quelques citations ne sont pas sans saveur : les facteurs parlent sans retenue des « clients ». Dans certains pays européens, les syndicats ont encore une répulsion instinctive à le faire et leur substituent la notion d'« usager ». Il ne s'agit pas d'une simple nuance de vocabulaire. L'usager, c'est celui qui « utilise », celui à qui l'on met quelque chose à disposition. La relation n'implique pas qu'il domine celui qui lui délivre le service. Au contraire, cet usager « a besoin » de ce service, et la relation dominant-dominé bascule en faveur de celui qui le lui fournit (ici le facteur). Accepter de passer à la notion de « client » renverse la dépendance et revient à admettre qu'on est « au service de », avec toutes les conséquences que cela pourrait induire sur les conditions du travail. Forts de leur intérêt bien compris, les facteurs ont effectué sans heurt ce passage : ils sont passés au service du public là où leurs syndicats en sont restés au service public.

Par ailleurs, on constate que les conditions de travail ne leur posent pas de problèmes, bien au contraire. Les horaires très spécifiques propres à leur activité (commencer très tôt pour finir très tôt) sont vécus favorablement par une population jeune qui se féminise très rapidement. Ils ouvrent aussi bien la possibilité de s'occuper des enfants l'après-midi que celle de compléter sa rémunération à hauteur de ce que l'on souhaite.

Ce monde se révèle ainsi très individualiste. On s'aide peu, chacun apprend surtout par lui-même et la faible part de travail collectif que les facteurs ont à accomplir (le tri final) n'induit aucune solidarité. L'entreprise a cherché avec plus ou moins de succès à développer le premier, et cela n'a eu aucun impact sur la seconde. En vertu d'un modèle bien connu, les interviewés ont parfois déclaré que la solidarité existait dans leur équipe mais qu'elle était inexistante ailleurs. C'est clair : solidarité est un mot positif dans la culture ambiante, alors il faut « en être ». Or, on n'en est pas, et on l'exprime en rejetant chez les autres ce « défaut ». Les plus jeunes en particulier ont du mal à accepter cet individualisme. Mais une fois la « socialisation » effectuée, l'individualisme exacerbé est accepté et assumé :

> Non, on ne se parle pas beaucoup. C'est un monde individualiste. Personne ne cherche à savoir si on a besoin d'aide. Ça ne vient pas à l'idée des anciens d'aider les nouveaux.

> Ici, l'individualisme est la règle. Si on s'aidait un peu plus, on avancerait peut-être un peu mieux. Il y a des tournées plus chargées que les autres, mais ils ne proposent jamais de coups de main.

Une dernière dimension tangible de ce bien-être au travail est le manque relatif d'ambition de cette population, qui ne souhaite pas postuler pour de possibles promotions. Et pourtant l'entreprise ne cesse de lui ouvrir des portes. Mais jeunes et moins jeunes confondus sont réticents à entreprendre la démarche. Pourquoi le feraient-ils ? Ils ont atteint un état d'équilibre hautement satisfaisant entre horaires, rémunération et liberté. Ils privilégient donc stabilité et maintien du *statu quo*, y compris lorsqu'ils pourraient améliorer leur situation. C'est une belle illustration de l'opposition entre satisfaction au travail et acceptation du changement. Voici comment ils expliquent cette forme de « passivité collective » :

> Je n'ai pas l'optique de monter, d'avoir des responsabilités, plus de stress. L'argent ne me motive pas assez.
>
> Si j'ai envie de monter ? Ce n'est pas à l'ordre du jour. Je veux d'abord me poser et m'acheter une tournée[1]. Après, ce sera sans doute plutôt non. Je veux privilégier ma tranquillité.
>
> Non, je n'ai pas voulu monter en grade. En plus, peut-être qu'il aurait fallu partir. Et de toute façon, j'ai bien vu la pression qu'ils [les chefs] ont.

Ces témoignages sont ceux de facteurs de tous âges travaillant dans des zones géographiques très différentes. Ils montrent ce que le lecteur n'aura pas manqué de comprendre : pour le moment au moins, ce métier n'est pas stressant. Nous verrons bientôt qu'aucun d'entre eux n'a le sentiment de vivre sous pression et que, pour tout dire, cette notion les fait sourire. Mais surtout, leur « contre-modèle », le « repoussoir » qui les conduit à exclure toute ambition, ce sont les « chefs », ceux que l'on a tous les jours sous les yeux. Le « chef », c'est-à-dire toute personne qui n'effectue pas seulement le travail de facteur, mais qui a accepté des responsabilités particulières. Il y a des chefs d'équipe certes, au sens le plus classique, mais l'entreprise a aussi créé des « facteurs qualité », qui doivent consacrer une partie de leur temps à des

1. « Acheter une tournée » n'induit aucun acte mercantile. C'est simplement se voir allouer, grâce à son ancienneté, une tournée définitive. On passe donc de la situation de « rouleur » (celui qui fait les remplacements) à la situation de titulaire

tâches plus administratives dans l'établissement : vérification des tournées, gestion des réclamations client… On l'a vu, personne ne les envie. C'est que, dans la réalité, ils ont servi de « variable d'ajustement » et absorbé le travail supplémentaire induit par chaque réforme mise en œuvre par l'entreprise. Ils ont pris sur eux la réorganisation des tournées, les accrocs qui en ont résulté, bref, tout ce qui pourrait perturber le bel ordonnancement de la vie des facteurs. Pour ces derniers donc, plus ça change, plus c'est la même chose. On peut en conclure que si de vrais changements devaient affecter l'équilibre actuel, les facteurs ajusteraient la vitesse de distribution, afin de conserver leur bien le plus précieux : l'heure de fin de leur tournée.

On observe ici comment un monde très structuré réagit face aux changements que son organisation cherche à mettre en œuvre. Ces changements, rappelons-le, sont destinés à accroître la flexibilité en introduisant la possibilité pour les facteurs de prendre en charge tout ou partie d'une autre tournée. Les tentatives qui ont eu lieu jusqu'alors ont eu des résultats mitigés. La flexibilité a été « externalisée » sur d'autres, les « facteurs qualité » en particulier. Cela s'est fait sans heurts : comme dans toute organisation où l'un des acteurs « contrôle » l'accès au client, le facteur détient un pouvoir qui met sa hiérarchie en situation de dépendance. Mais, dans le même temps, l'« intelligence » des acteurs fait que cet avantage n'est jamais poussé trop loin, afin de ne pas bousculer l'équilibre du moment qui apporte une grande satisfaction. Les cas d'ambiance détériorée entre les facteurs et leur hiérarchie sont rares et correspondent à des situations très locales que l'entreprise gère avec doigté.

Tout cela explique que les réactions des facteurs face aux projets de l'entreprise oscillent entre indifférence – ça ne change pas grand-chose – et inquiétude – oui, ça pourrait changer quelque chose. Les craintes, lorsqu'elles s'expriment, portent sur l'accroissement de la charge de travail. Mais il s'agit d'une crainte « molle » : les facteurs ont une claire perception de la diminution du volume global du courrier. Ils savent que la « publicité adressée » se substitue à la lettre classique comme « relais de croissance » ou du moins comme frein à la décroissance. Ils admettent donc, du bout des lèvres certes, que l'adjonction de quelques rues à leur tournée est compensée par la baisse générale du volume à traiter. Et on l'a vu, lorsqu'un surcroît de travail se fait jour, il est pris en charge par les « facteurs qualité », voire par les chefs d'équipe. Un accord implicite unit tous les acteurs : à charge de travail égale, le facteur qualité reste parfois dans l'établissement pour « faire de la qualité », ce qui est encore une notion vague pour les facteurs. Mais dès qu'un incident se produit, facteurs d'équipe (autre création de l'entreprise) et facteurs qualité « sortent », y compris pour des périodes qui peuvent être de longue durée. D'où la décision des facteurs de ne pas souhaiter de promotion, surtout vers ce type de responsabilité. C'est bien le paradoxe (amusant) de chefs dont on ne voit pas très bien ce qu'ils font de spécial, mais dont on ne voudrait surtout pas prendre la place tant ils semblent en permanence sous pression. Écoutons à nouveau les facteurs :

> Le facteur qualité, il est toujours en tournée ! Il devrait rester au bureau pour mettre les listes à jour. Eh bien les miennes, c'est moi qui les fais.

> Les facteurs qualité, ils font des remplacements et de l'aide. Je crois que si on les a appelés comme ça, c'est pour leur donner un nom. Autrement, je ne vois pas bien ce qu'ils font de spécial.

> Les facteurs qualité et les facteurs d'équipe, je n'ai aucune idée de ce qu'ils font. Peut-être qu'ils regardent si les cahiers de tournée sont à jour. Mais ce dont je suis sûr, c'est qu'ils font les remplacements.

Mobiliser le client face à son organisation

Gageons qu'il s'agit là d'une ignorance « stratégique ». Aussi la contestation de la mise en œuvre des changements est-elle surtout préventive. Elle s'exprime – sans surprise – au nom du client et du service qui lui est rendu. Le client, c'est le bouclier du facteur ; la cadence de travail, c'est sa liberté, rationalisée au nom de la garantie de la qualité de service offerte. Par définition, une reprise en main de cette cadence, donc de cette liberté, ne pourrait que remettre en cause la qualité du service. La boucle est bouclée.

D'où la contestation de la « sécabilité ». Elle constitue une brèche dans la possession monopolistique du client, même si elle possède des vertus « pédagogiques » : on ne peut pas avoir éternellement le même facteur. C'est un « apprentissage » qui n'est pas sans importance. Il est en effet difficile de mobiliser le client sur la réduction d'un coût qu'il ne paie pas – du moins directement –, puisqu'il reçoit un courrier affranchi par l'expéditeur.

Néanmoins, ce sont bien toujours les clients que le facteur invoque pour contenir cette évolution vers un travail toujours plus collectif, *donc* toujours moins autonome, *donc* remettant en cause les équilibres existants. Voilà une bonne leçon en termes de stratégie de changement. On est loin d'une prise de contrôle brutale par les processus et par le reporting. L'entreprise change de façon très progressive, sans toucher directement à ce qui demeure encore non négociable pour les facteurs. Mais ceux-ci ont compris qu'ils ne pourraient conserver indéfiniment leurs avantages et qu'il faudra céder sur ceci pour conserver cela. Ils paraissent prêts pour cette négociation, tant ils exagèrent d'ores et déjà les impacts des premières réformes :

> On est au service du public, quand même ! Et les gens doivent pouvoir nous voir passer aux mêmes horaires. Ce qui est en train de se faire est d'une nullité totale. Sur une semaine, le client peut voir passer quatre facteurs différents. C'est débile.
>
> La mise en place des changements a été cafouilleuse. Mes collègues ont eu beaucoup de difficultés à apprendre de nouvelles rues. Je peux vous dire qu'on a beaucoup régressé en termes de qualité de service. Les clients ne se privent pas de nous le dire.
>
> Les tournées sécables, c'est l'enfer. Les clients ne comprennent pas et pourtant on leur explique.

Reste alors la question des « nouveaux services », ces tâches supplémentaires que l'entreprise envisage de confier à ses facteurs pour compenser la baisse continue du courrier. Cette éventualité soulève sans surprise de nombreuses réticences qui s'inscrivent logiquement dans le droit fil de ce qui a été dit plus haut. Pour les facteurs, la notion de service a une signification bien particulière : il s'agit de « rendre service », un acte volontaire, procédant du libre arbitre et n'appelant de ce fait aucune rémunération (du moins officielle). Cette approche du service met le facteur en situation de « dominant » et contribue à la captation du client. Dès lors, le service ne fait qu'accentuer les caractéristiques intrinsèques du « système facteur ». Tout est bon pour contester une évolution qui amènerait à *vendre* au client des services décidés par l'entreprise : la situation de dépendance entre le client et le facteur s'en trouverait inversée, le premier devenant un payeur direct desdits services.

L'enjeu n'est donc pas mince et constitue une remise en cause du triangle facteur-client-entreprise. Diversifier les services et les rendre payants réintroduit le facteur au sein de l'entreprise et modifie *de facto* sa relation traditionnelle avec son client. Il ne peut qu'être très critique vis-à-vis de cette initiative, même si à demi-mot il en comprend la logique et la nécessité. La critique ne surprend pas : on prend le travail de professionnels, ce qui est immoral en période de chômage élevé ; on n'est pas qualifié pour des tâches qui peuvent s'avérer complexes ; ce n'est pas prévu dans le contrat de travail. Un facteur résume :

> Vendre de nouveaux services, ça ne m'intéresse pas. Il y a des gens qui sont qualifiés pour ça et en plus c'est leur gagne-pain. En plus, il faudrait me former. Non, ce n'est pas une bonne idée.

On voit bien que dans cette entreprise, c'est la régulation, l'équilibre entre les stratégies des différents acteurs, qui s'est substituée à un management par la contrainte, par la règle et la procédure. On pourrait faire remarquer avec quelque humour que l'« intégration » n'y est pas moindre qu'ailleurs : les acteurs n'ont pas besoin d'embarrassants processus pour adopter tous les mêmes pratiques. Celles-ci ne sont pas « dictées », elles sont « générées » par le contexte. Peu importe à ce stade le degré de maîtrise effectivement exercé par la direction. Il ne peut pas être plus faible que celui que l'on trouve dans les entreprises « émiettées » au sein desquelles la surabondance des normes de toutes sortes permet à chacun d'agir à sa guise. Simplement, dans la bonne vieille rhétorique managériale, on considère que cette organisation n'est pas sous contrôle, que les gens font « officiellement » ce qu'ils veulent et que… et que… Et c'est effectivement un système risqué pour les dirigeants, qui ne seront pas en mesure d'invoquer, le cas échéant, la non-discipline des personnels face aux normes qu'ils ont émises. Les Américains utilisent une très bonne expression, argotique malheureusement[1],

1. Le « CYA syndrom ». Traduisons par « syndrome de protection ».

pour décrire ces stratégies de protection qui se rencontrent partout.

Mais, grâce à cette « intégration » spontanée, le changement, le vrai, est ici possible. La direction sait sur quoi elle va pouvoir négocier et où se situent les bornes à ne pas franchir. Elle sait ce que les acteurs dominants ne veulent à aucun prix sacrifier et c'est cette connaissance qui lui ouvre une marge de manœuvre. Bref, cette organisation fait preuve d'une grande maturité, même si elle ne correspond pas aux canons en vigueur du management. Il n'y a aucune inquiétude à nourrir pour elle. On peut être plus inquiet pour les canons du management.

TROISIÈME PARTIE

Est-il possible de faire autrement ?

CHAPITRE VII

De la difficulté à changer les organisations endogènes

Quand on a laissé filer le travail ou le client, on s'est créé des handicaps bien difficiles à surmonter, auxquels on ne s'attaque que poussé par la nécessité. C'est pourquoi le changement est toujours plus réactif qu'il n'est proactif et l'on ne s'en étonne pas. Mais il demeure aussi le plus souvent cosmétique. Pour être pensé, construit, il demanderait une connaissance approfondie de la réalité, à la manière de celle que j'ai essayé de faire partager au lecteur au fil de ces cas. Elle permet de séparer la structure – dont les modifications au gré des « réorganisations » ne changent pas grand-chose – du fonctionnement concret et, ce faisant, de repérer les leviers sur lesquels on peut agir. Car la clé est bien là, comme nous l'avons vu dans quelques-uns des exemples précédents : tant que l'on n'a pas changé ce que font les gens, on n'a rien fait, si ce n'est du maquillage, d'où l'expression de « changement cosmétique ».

Or ce type de changement satisfait beaucoup de monde. Il est la garantie que quelque chose a été fait tout en minimisant le risque pris par celui qui l'a fait. C'est un exercice difficile qui demande temps, obstination et imagination. L'exemple vient de haut : combien de plans, de projets, de missions se sont fixé pour but de « réformer l'État » et n'ont abouti qu'à une très remarquable continuité dans la médiocrité de ce que produit l'administration pour un coût très élevé ? D'où, à nouveau, le recours frénétique aux processus, indicateurs (comme dans la police) et techniques de reporting, dont on a vu qu'ils créent plus de confusion qu'ils n'apportent de clarté ou de résultats positifs.

La constance dans cette erreur montre le désarroi que suscite l'ampleur de la tâche et je ne saurais la contester. Elle est telle que les dirigeants investissent d'autres champs, ceux de la stratégie et de la finance en particulier, laissant à nos « bureaucraties intermédiaires » la lourde responsabilité d'y adapter l'organisation. Et de fait celles-ci s'agitent, nous l'avons montré, trouvant dans le raisonnement causal et la sur-réglementation des solutions inopérantes. C'est donc un vrai problème de mode de raisonnement qui se pose aujourd'hui dans les entreprises, dont nous ne sommes pas près de sortir. Toutes les prescriptions et modélisations qui envahissent les disciplines – on ne peut pas dire « sciences » – du management sont régressives par rapport aux progrès faits après-guerre dans la compréhension des mécanismes de l'action collective[1]. Le temps n'est plus où l'on cherchait à comprendre le problème avant de rechercher la solution. La solution, on la trouve aujourd'hui dans les tiroirs des cabinets de conseil, qui la rendent d'autant plus complexe que son « déploiement » nécessitera une armée de consultants, jeunes de préférence, sur lesquels on fait la « marge ».

L'alliance implicite entre ces cabinets et les bureaucraties intermédiaires fonctionne à plein. Les premiers ont les solutions et légitimeront ce qui sera fait ; les secondes y trouveront le « grain à moudre » qui assurera leur survie et, si elles s'y prennent bien, leur pouvoir. On pointe ici la raison majeure pour laquelle les sciences sociales ne sont jamais devenues une discipline de management, sauf dans quelques créneaux de « niches » ou

1. Je me réfère aux travaux de James G. March, Herbert Simon, Mancur Olson, Thomas Schelling et bien sûr Michel Crozier.

auprès de quelques patrons éclairés qui les ont utilisées sur un mode quasi esthétique. Pour trouver leur place dans l'idéologie dominante du management, elles doivent accepter de « s'abâtardir », de rentrer dans le rang de la prescription après avoir abandonné celui de la compréhension. « Il n'y a pas de problème sans solution », « Un problème sans solution n'est pas un problème ». Autant de propos navrants. Aussi vais-je tenter de montrer à travers deux autres exemples l'extrême complexité que revêt le changement des organisations endogènes, qui ne saurait se réduire à l'application de quelques prescriptions importées ni à des injonctions mécanistes.

Le premier va nous mener dans une entreprise de l'audiovisuel qui voudrait, pour des raisons de coût, fondre en une seule catégorie (les techniciens chargés de réalisation, TCR) les deux corps de métier qui aujourd'hui assurent le support et la réalisation des émissions (techniciens et chargés de réalisation)[1]. Au premier abord, cette organisation réserve peu de surprises. Comme dans la plupart des univers de travail que nous avons fréquentés jusque-là, les acteurs cherchent à protéger la zone d'autonomie et de confort qu'ils se sont constituée au fil de la vie de cette entreprise, qui jusque-là ne fut pas très regardante. L'un des techniciens qui représentent la population clé de cet univers résume :

> Beaucoup de techniciens sont comme moi : ils ne veulent pas se retrouver en liaison directe avec les journalistes. Ils veulent garder leur indépendance.

1. Ce travail a été réalisé en 2008.

La logique de l'envie

Pourtant, tous les acteurs anticipent le fait que les changements projetés remettront en cause les « avantages acquis », jusqu'alors garantis par un contrôle social sans faille assurant la conformité des comportements. Dans l'immédiat, nous découvrons une organisation très stable, structurée autour du couple journalistes-techniciens et fonctionnant sur un mode classique d'attraction-répulsion. Mais c'est aussi une organisation très « administrative », dans laquelle l'endogénéité l'emporte largement sur les besoins de l'environnement, téléspectateurs ou actionnaires. Cela se marque en particulier par la prééminence, dans tous les choix effectués par les acteurs, d'une logique de l'« envie », qui prime sur celle de la nécessité ou du coût. Un cadre note à propos des techniciens :

> Actuellement ils ne travaillent pas par rapport aux besoins de la société, mais par rapport à leurs envies, leurs besoins familiaux ou autres.

De même existe-t-il des normes qui, vues de l'extérieur, peuvent faire penser à du laisser-aller, mais qui traduisent le fonctionnement quotidien d'un univers dans lequel la nécessité, représentée par un payeur lointain et invisible, n'a pas sa place. L'idée qu'il faudrait « faire plus avec moins » et que l'organisation du travail pourrait être la variable pour y parvenir ne s'y est pas fait jour. Enfin, on perçoit que le management s'est effacé, tant il a été difficile pour les interviewés, les techniciens en particulier, d'identifier clairement leur chef. Et ces chefs eux-mêmes, lorsqu'on arrive à les repérer, paraissent investir leur temps et leur énergie dans des actions marginales ou symboliques. L'un d'eux nous dit :

> On a décidé de reprendre un certain nombre de choses en main, de rétablir une certaine discipline. Par exemple, je m'attache à passer dans les bureaux pour faire arrêter le tabac. Il est important de montrer que les règles doivent être respectées.

À quoi un technicien répond :

> Mes supérieurs techniques… oui… ils sont nombreux. En fait, c'est épuisant le nombre de bureaux qu'il faut faire avant d'avoir la bonne info. En fait, pour savoir qui commande, ça dépend du problème, voilà…

Ce système fonctionne donc de façon autonome et il est capable de sélectionner de lui-même, en dehors de toute hiérarchie, les « bons », auxquels on a recours en priorité, quitte à laisser les moins bons tranquilles. Il est donc « régulé », mais à la différence du système étudié au chapitre précédent, cette régulation se fait à coût élevé, sans garantie de la qualité produite pour le client (le téléspectateur). Mais poser la question du coût d'un produit culturel provoque les réactions enflammées que tout le monde connaît.

Cela étant, il est frappant de constater que la négation de la réalité économique fonctionne dans les deux sens : certes, personne ne veut que l'on mesure ce que produit cette organisation, mais dans le même temps, aucun des interviewés ne mentionne le salaire au nombre des aspects positifs ou négatifs de son travail. La tendance à l'immobilisme de l'ensemble autour d'un accord implicite mais clair pour tout le monde en sort renforcée : que personne ne touche à l'équilibre fragile de ce système et les acteurs feront leur affaire des conditions financières qui leur sont faites.

Autre « classique » des organisations endogènes : les acteurs sont conscients qu'il faut changer les façons de travailler. Cadres, syndicats, toutes les catégories de personnel s'accordent bon gré mal gré sur la nécessité de s'adapter. Ce constat est crucial : il montre que la difficulté à faire changer les organisations de ce type tient moins au contenu des décisions qui seront prises qu'à la façon de les prendre, de les expliquer et de les mettre en œuvre. Bref, l'important est bien plus la méthode que le contenu ; aussi les solutions tout droit sorties du bon sens managérial ou imposées en son nom n'auront-elles aucune chance de réussir. Qu'on se rappelle les soubresauts qu'a connus Air France au début des années 1990, jusqu'à ce qu'un nouveau dirigeant amène pas à pas toutes les catégories de personnel à proposer elles-mêmes les solutions possibles, dont certaines furent validées par référendum.

Dans le cas présent, nombreux sont les facteurs qui poussent à la lucidité des personnels : l'apport des nouvelles technologies qui simplifient le travail, même si une partie des techniciens juge qu'elles appauvrissent le leur ; ou l'exemple de la concurrence par laquelle sont passés bon nombre de ces acteurs, compte tenu de la porosité entre chaînes. On pourrait en citer bien d'autres. Mais la compréhension du caractère inéluctable du changement, comme d'habitude, ne suffit pas à le faire accepter sans crainte ni discussion. Les techniciens les plus anciens et les journalistes voient dans ces changements la banalisation lente mais inexorable de leur métier. Ils ne veulent pas être mis devant le fait accompli, échaudés qu'ils sont par quelques réformes antérieures à l'origine d'un lourd passé de défiance réciproque. C'est ce qu'exprime ce technicien :

> Il y a une démotivation très forte dans cette chaîne. Le passage au « tout info » a été mal vécu, en particulier par les techniciens qui sont là depuis longtemps. Ils se sont retrouvés à être des pousse-boutons et c'est un peu pareil pour les réalisateurs qui avaient une plus grande place. En fait, on n'a pas poussé les gens à être bons.

À quoi un journaliste fait écho.

> Nous, les journalistes, on n'a jamais été consultés sur les réformes qui concernent la technique. On doit s'y adapter.

À cela s'ajoute l'absence d'un management de proximité (c'est donc bien une constante de ce type d'organisations de l'avoir sacrifié), qui prive la direction de relais quotidiens. Enfin, on peut compléter cette première description en notant que nous avons affaire à un univers très individualiste, éparpillé en micro-catégories qui tendent à s'autogérer, ce qui rend très difficile la définition d'un intérêt commun. Essayons de comprendre plus avant son fonctionnement.

Nous avons vu que c'est la perception de la nature d'un travail culturel qui amène à fuir la logique de la nécessité au profit de celle de l'envie et donc à définir soi-même sa norme de travail. Celle-ci va alors tout naturellement favoriser les besoins endogènes (ceux des individus) au détriment des besoins exogènes (ceux de la chaîne et, *in fine*, de ceux qui la regardent). Un technicien décrit très bien cette situation :

> On choisit nos tableaux de service beaucoup plus en fonction des horaires qui nous conviennent que de nos compétences.

Faire « tourner la machine » n'est donc pas simple : il faut « proposer », en appeler au volontariat tout en acceptant une grande permissivité quant aux façons de travailler, aux rythmes, aux degrés d'implication. Un cadre constate :

> Je vois les gens, je leur propose des émissions, je les mets en contact avec des journalistes. Mais c'est difficile car le personnel de la maison a été habitué à être cool. Une chargée de réalisation m'a dit : « Tu sais bien que je ne travaille pas le lundi ! » Il y en a même qui ont des activités à l'extérieur, tout le monde le sait.

Et un technicien ajoute avec beaucoup de candeur :

> Moi je n'ai rien contre le fait qu'on étende le système des TCR s'il y a des volontaires pour ça.

Une catégorie, deux stratégies

Dans cet univers de très grande liberté laissée aux individus, qui donne à l'observateur le sentiment d'avoir face à lui une « fédération de travailleurs indépendants », les techniciens développent deux stratégies qui permettent de comprendre l'ambiguïté de leur position par rapport au projet « TCR ». Une partie d'entre eux adopte une très classique stratégie de retrait : ils « font leur travail », mais ne s'investissent jamais dans la relation aux autres, les journalistes en particulier. Ils ne souhaitent pas être attachés à une équipe (la réalisation d'un magasine régulier par exemple) et demandent à être affectés à un studio (dans lequel on réalise des émissions différentes), à condition que dans ce studio tournent journalistes et réalisateurs.

Cette approche valorise le métier sous son aspect purement technique et on se focalise sur lui, à l'exclusion de toute autre forme d'investissement collectif, susceptible de vous transformer en « petite main » du journaliste : tel est le risque perçu dans le passage en « TCR ». Dans la mesure où l'on est affecté à un journaliste, la relation à celui-ci est modifiée ; c'est ce que refuse le groupe de techniciens. Ils ne veulent pas être fixes et souhaitent continuer à « tourner » dans le cadre d'émissions différentes. Ils jouent ainsi un vrai « coup double » : ils préservent leur métier et maintiennent dans la foulée une situation très favorable d'autonomie et de choix. Une fois encore, la nécessité ou la contrainte économique n'ont aucune place dans ce raisonnement. À cela s'ajoute en outre la crainte non négligeable d'être confronté à l'acquisition de nouveaux savoir-faire, aventure d'autant plus difficile à vivre que l'on s'est enfermé dans sa « routine défensive[1] ». Ce dont témoigne un technicien :

> Peut-être que je pourrais être favorable à passer TCR. Mais je n'ai pas forcément les capacités de réalisateur. Par exemple, faire des recherches musicales pour les magasines, ça demande une certaine culture que je n'ai pas. Je ne sais pas comment l'acquérir.

Pour souligner plus avant la complexité de ce type d'organisation et donc la difficulté qu'il peut y avoir à la faire évoluer, remarquons que le rejet d'une dépendance vis-à-vis des journalistes n'exclut pas des alliances de circonstance avec eux (relation d'attraction-répulsion). Les termes de cette alliance se nouent autour de la préservation des métiers et des statuts : pour les journalistes, en particulier pour ceux qui partent ou aspirent à partir en reportage, la présence d'un technicien à leurs côtés est une sorte de « signe extérieur de richesse ». Cela leur évite de « dégrader leur métier » en assurant eux-mêmes la part technique requise par leur émission. Dans cette perspective, le maintien du métier de technicien en tant que tel est la condition du maintien du métier de journaliste en tant que tel. Une confirmation pratique de cette hypothèse est donnée par la théorie dite du « premier téléspectateur », selon laquelle il serait précieux d'avoir avec soi quelqu'un qui puisse porter une première appréciation sur la valeur journalistique de ce qui vient d'être émis ou va être émis. Un journaliste explicite très clairement le lien établi entre la survie des deux professions :

1. L'expression est de Chris Argyris dans *Knowledge for Action. A Guide to Overcoming Barriers to Organizational Change*, San Francisco, Jossey-Bass, 1993.

> En tant que journaliste, je peux bien sûr tout faire tout seul. Mais alors, je fais tout mal, ou tout moins bien. On n'a pas le regard de la deuxième personne. Non… tout ça, c'est une logique purement économique. On augmente la surface des gens embauchés qui se transforment en gens à tout faire. Le TCR, c'est une pure logique économique pour faire fondre la masse salariale. On demande aux techniciens d'en faire plus et c'est la même logique économique qui fait la moins bonne télévision.

On le voit, le journaliste ne réclame pas qu'un technicien lui soit attaché en permanence, il souhaite le maintien d'une fonction qui garantit l'intégrité de la sienne.

La seconde stratégie des techniciens, qui semble être celle des plus jeunes, est d'accepter le « face-à-face » avec le journaliste, en contrepartie d'un élargissement de leur métier. La priorité est alors donnée au travail en équipe, notamment dans la réalisation de magazines. Ce faisant, on prend une assurance sur l'avenir. Mais il ne s'agit pas pour autant d'avancer les yeux fermés. Dans les entretiens, quatre conditions sont posées : bénéficier de la formation nécessaire ; percevoir une rémunération qui consacre l'exercice de « deux métiers en un » ; conserver des horaires de travail acceptables et régler la situation des « précaires », jusque-là volant de souplesse de cette organisation, dont l'avenir est rendu incertain par la réduction drastique des ressources financières allouées à la chaîne.

Le flou, facteur de liberté

Poursuivons le voyage dans cette entreprise et intéressons-nous aux chargés – ou assistants – de réalisation. Ils constituent sans doute la population la plus hétérogène de la chaîne. On accède à ce métier par des voies diverses, parmi lesquelles le hasard des rencontres tient une grande place. À la différence des techniciens, ils sont peu ou pas organisés et n'ont pas de réelle identité professionnelle. Ils la cherchent dans la qualité qu'ils peuvent apporter à une émission, surtout si l'illustration musicale y a une réelle importance. Leur stratégie dominante consiste donc à partir en quête de « niches » de travail intéressant, la production en général et les magazines en particulier. Ils se mettent alors « sous la protection » d'un producteur ou d'un journaliste avec lesquels ils travaillent en symbiose. C'est l'inverse de ce que font les techniciens. En même temps, cette stratégie leur apporte beaucoup de confort de travail. Ils en tirent la liberté d'échapper à la pression du direct ou à la monotonie de la routine, ce que deux d'entre eux expriment ainsi :

> Les magazines, c'est avant tout un travail d'équipes stables. On est affecté à deux ou trois émissions avec toujours les mêmes personnes. On peut mieux travailler avec les journalistes. Le mieux, bien sûr, ce sont les magazines hebdomadaires. On a trois émissions à faire dans la semaine et on est libre de s'organiser comme on veut avec les autres personnes. Par comparaison, l'info, c'est un travail beaucoup plus mécanique.

> La période de travail ne s'arrête pas quand on s'en va. On y retravaille le soir par exemple, pour chercher des musiques. L'info, c'est plutôt un travail de chaîne. On n'a pas à y réfléchir à l'extérieur.

Dans ce mode de travail, il est difficile de comptabiliser les heures nécessaires et celles qui sont effectuées. Le flou est par définition, comme partout ailleurs, facteur de liberté. Cette stratégie d'autonomie trouve sa limite dans l'évolution de la chaîne vers le « tout info » (dans le sport en particulier) avec pour conséquence la réduction de ces émissions tant valorisées. La partie la plus noble de ce métier disparaît en quelque sorte, au profit de la contraction des deux métiers de réalisateur et de technicien en un seul. Le réalisme des réalisateurs (et surtout leur absence de choix) impose d'y souscrire, d'anticiper le changement et de s'y préparer. Faute de quoi, le risque est grand pour cette population de se retrouver confrontée à une situation sans issue. En outre, l'adoption du mode TCR lui permet non seulement de se prémunir pour l'avenir, mais aussi de mieux maîtriser le travail dans l'immédiat. Les journalistes ne dépendent plus des techniciens pour parvenir à cette qualité dont ils font leur marque de fabrique. Dans ce cas, passer sur ces modalités de travail, c'est reconquérir une part d'autonomie, y compris d'ailleurs dans le domaine de l'info, vers laquelle il faudra bien aller, à un moment donné. Voici comment un réalisateur décrit la situation :

> Parfois, quand on a réalisé une émission très travaillée, on tombe sur des techniciens qui sont des orfèvres… mais parfois aussi, ils ne savent rien de spécial, ils sont démotivés et c'est un problème pour moi. C'est pour ça que je suis plutôt pour les TCR car il y a une énorme démotivation ici.

On comprend que pour les réalisateurs la qualité du travail soit un impératif de distinction. Ils sont donc prêts à jouer le jeu pourvu que le projet ne soit pas simplement économique, mais s'inscrive dans la perspective de création d'une télévision de qualité. Reste qu'ils constituent une catégorie « faible » car peu organisée. Elle représente donc pour la direction un appui de peu de poids.

À ce stade, il faut noter l'extrême variété des stratégies des différents acteurs, qui donnent à ce système une coloration très sophistiquée. Parallèlement, l'« habitude de liberté » inhérente aux perceptions et à l'action des différentes catégories conduira sans doute à poser la question du changement en termes d'alliés potentiels, de leviers à utiliser, de négociation de ce qui est acceptable ou ne l'est pas, beaucoup plus qu'à partir d'injonctions, de nouvelles normes ou d'importation de « bonnes pratiques » qui auraient donné ailleurs des résultats positifs. Nous y reviendrons en conclusion de cet exemple.

En poursuivant l'investigation, on peut encore observer que l'absence d'un management de proximité, déjà notée, favorise à la fois l'émergence de la fameuse logique de l'envie et la recherche de zones d'autonomie toujours plus protectrices. Durant les entretiens, c'est l'idée même de management qui a paru incongrue à nos interlocuteurs. C'est donc la direction des ressources humaines qui s'est substituée à ce management local défaillant ou inexistant. Il y a une certaine logique à cela : dans cette entreprise, tout problème de travail est un problème social ! Un TCR (l'un de ceux qui a accepté ce nouveau statut donc !) décrit ainsi la compréhension qu'il a de ce système :

> Ici, l'ambiance de travail est très cool. Dans la chaîne où je travaillais avant, il y avait une vraie hiérarchie, de vrais chefs. Ici, moi, j'en ai plein de chefs, donc je n'en ai aucun. Il n'y a que les journalistes qui ont une véritable armée mexicaine. Tant qu'on n'a pas de problème, ça va. Sinon, je vais directement à la DRH. Quand je suis passé TCR, je suis allé à la DRH. Je n'ai jamais eu besoin de voir mes chefs.

La principale conséquence de cette situation est l'écrasement de la DRH sous les tâches, demandes et décisions multiples à prendre : voilà un cercle vicieux tel que les sociologues les affectionnent ! Et, bien entendu, cet encombrement exclut la possibilité de recourir à la moindre sanction, qu'elle soit positive ou négative : ce système ne sanctionne pas plus qu'il ne récompense. Tout repose donc sur la négociation et la bonne volonté des acteurs. Dans cette entreprise, chacun fait ce qu'il veut, bien ou mal – plutôt bien que mal d'ailleurs – et tout le monde dit « je » et jamais « nous », dans la mesure où personne ne représente l'intérêt général. Dire qu'il est des entreprises dans lesquelles il est interdit de commencer une présentation par « Je »... (Le groupe pétrolier américain Chevron en a fait son credo.)

On peut continuer à tirer le fil : les organisations syndicales, seules interlocutrices de la DRH, qui occupent la place vide laissée par l'absence de management, sont prépondérantes. Syndicats et DRH pilotent de leur mieux ce qui peut l'être, tandis que les individus s'auto-organisent en fonction de leurs goûts ou de leurs nécessités. Mais on découvre là – et c'est la fin du voyage – que cette auto-organisation fondée sur la logique de l'envie, qui a tant surpris dès l'abord l'observateur extérieur, est une *conséquence* de la situation d'anomie. Elle produit aujourd'hui un système stable, conservateur, inquiétant aussi pour les acteurs qui n'y sont pas spécialement heureux. Comme toujours, le coût de ce fonctionnement est externalisé sur un actionnaire qui jusque-là n'était pas très regardant. Mais les choses changent, ce qui va obliger cet univers à évoluer

Ce livre n'a pas vocation à être un manuel de gestion du changement. Néanmoins, la complexité de cette analyse et sa dimension systémique, qui lui donne un aspect « boule de billard » parfois décourageant, posent la question de la possibilité de sortir de cette situation autrement que par une crise majeure, mode habituel du retour des organisations endogènes dans le monde réel. J'essaierai d'y répondre au chapitre suivant. Voici cependant quelques éléments de réflexion : ici, pas de « y a qu'à, faut qu'on ». Pas de modèle à importer non plus, pas de « processus de la réalisation et de la diffusion d'une émission » (!) avec ses définitions de fonction, ses horaires, ses modes de reporting et ses indicateurs de bonne gestion. À l'inverse, un repérage approfondi des populations sur lesquelles on peut s'appuyer, des éléments qui vont permettre d'avancer sans toucher (au moins dans un premier temps) à ce qui n'est pas négociable ; une compréhension de ce que sont les vrais problèmes (l'anomie, l'absence de management de proximité) par rapport à ce qui « choque » et à quoi un management « musclé » serait supposé mettre bon ordre : le sous-travail, la logique de l'envie. Bref un changement avec les gens, pas contre eux.

*

Les organisations endogènes ont d'autant plus la capacité de résister aux changements que leurs dirigeants veulent parfois leur imposer qu'elles sont en mesure de mobiliser le client en leur faveur. C'est compréhensible, dans la mesure où nous avons déjà remarqué que seule la pression ou la modification de l'environnement est susceptible de les faire évoluer. Dans le secteur marchand, c'est l'ouverture à la concurrence qui joue ce rôle en réduisant à néant les possibilités d'externalisation. C'est pourquoi il n'est pas rare de voir des entreprises parmi les plus modernes, y compris celles incarnant la « nouvelle économie », essayer inlassablement de restaurer leur situation monopolistique toujours menacée par les nouveaux arrivants. Microsoft, avec beaucoup de constance, n'agit pas autrement, et on ne s'étonnera pas que le taux de satisfaction des clients de cette entreprise soit nettement inférieur à celui des usagers de l'administration française… Cela permet aussi de comprendre pourquoi la querelle entre l'efficacité comparée des secteurs public et privé est pour partie une fausse querelle. La différence se fait entre concurrence et monopole, entre capacité d'externaliser et nécessité de réduire ses coûts en améliorant la qualité. Mais dès lors que le client devient captif, ou qu'il est convaincu que, quelle que soit la concurrence, c'est cette organisation qui lui fournit le meilleur service, il est mobilisable au profit des membres de cette organisation : qui pourrait croire qu'il suffit d'ouvrir le ciel à toutes les compagnies aériennes pour que les clients les mettent sur un pied d'égalité en matière de sécurité ?

Cette situation est encore plus criante dans le domaine de la santé, où la mobilisation du malade qu'on a soigné, qu'on va soigner ou qu'on pourrait soigner est une arme redoutable aux mains de ceux qui travaillent dans ce secteur. C'est pourquoi faire évoluer les systèmes hospitaliers est une tâche particulièrement ardue. J'ai eu la chance d'accompagner l'un d'entre eux dans une grande capitale européenne. Nul doute que, dans ce pays, les patients sont bien soignés : le taux d'infection par des maladies nosocomiales y est proche de zéro, le plus bas de toute l'Europe occidentale.

Quand l'intérêt collectif manque de légitimité

Comme dans tous les autres pays d'Europe, les dirigeants de ce groupe d'hôpitaux, que nous appellerons l'« Institution », cherchent à le « rationaliser » en regroupant des services et des hôpitaux à partir d'un « plan médical » établi par une toute nouvelle direction de la stratégie[1]. On va le voir, les difficultés rencontrées ne sont pas minces, malgré un certain nombre de facteurs qui pourraient a priori être favorables, comme la parcellisation du monde médical, qui pourrait « émietter » réactions et oppositions, rendant ainsi difficile la constitution d'un front des « anti ». Dans la réalité, c'est l'inverse qui se produit : quelle que

1. Ce travail a été mené en 2010.

soit la décision prise sur une logique collective, l'intérêt de l'Institution par exemple, elle se voit refuser toute légitimité, sauf chez ceux qui travaillent au niveau de cette Institution. Celle-ci a bien du mal à imposer sa « marque » face aux marques locales : faire passer des médecins d'une logique de profession indépendante (y compris lorsqu'ils travaillent dans un hôpital) à un fonctionnement collectif est sans doute la transition la plus difficile à gérer.

De même, les sources de confort au travail, admises par les uns, contestées par les autres, mais bien réelles, n'ouvrent pas spécialement de marges de manœuvre. Que ce soit chez les médecins ou dans les autres catégories professionnelles, elles accroissent l'angoisse devant un futur dont on pressent qu'il ne pourra être que plus difficile. D'où l'opposition radicale des plus forts, ceux qui ont décidé de se battre – sans doute parce qu'ils considèrent qu'ils doivent défendre des enjeux majeurs – et la passivité et le retrait de ceux qui savent que, de toute façon, ils sont condamnés à subir.

Face à cela, la tentation de passer en force existe : imposer des décisions majeures, montrer que le retour en arrière est impossible, changer radicalement la logique dominante… Mais une telle stratégie est un pari aléatoire, tant les capacités de résistance des acteurs sont importantes. Observons cet univers d'un peu plus près.

Ce qui frappe avant tout, c'est l'extraordinaire individualisme du monde médical, généré par les deux logiques qui cohabitent dans l'institution, tellement ancrées dans l'univers des acteurs que plus personne ne s'interroge sur leur origine ni sur les conséquences de cette cohabitation. Et pourtant, elles ne vivent ensemble que grâce à une abondance de ressources qui permet d'en absorber les contradictions. La première, celle qui fut jusque-là dominante, est universitaire. Elle concerne une partie des médecins, mais surtout les professeurs. À leurs yeux, les modes d'évaluation qui conditionnent les promotions et la carrière sont ceux du monde universitaire et de la recherche : il faut publier dans des revues à « comité de lecture », faire partie de ces mêmes comités, représenter son pays dans des sociétés savantes internationales, participer à des congrès et colloques et, si possible, y présenter des communications remarquées. C'est cette logique, loin, très loin de celle des soins, qui induit des comportements individuels. L'intérêt (individuel) de gérer sa carrière passe alors avant celui (collectif) de l'Institution. Tous ceux qui ont travaillé dans le monde de la recherche ont pu faire la même observation. Non que les médecins constitueraient une catégorie à part : ce contexte est celui dans lequel évolue l'ensemble du monde de l'université et de la recherche.

Les conséquences de cette situation sont multiples. La plus banale, c'est sans doute l'absence de solidarité au sein du corps médical : chacun pour soi et Dieu pour tous ! Au moment de l'étude, l'un des hôpitaux était menacé de voir ses sur-spécialités gériatriques transférées dans un autre hôpital. Cette éventualité provoquait une levée de boucliers conduisant les personnels, médecins en tête, à mobiliser toutes leurs ressources, depuis le Premier ministre jusqu'aux célébrités dont les parents ou amis étaient passés par cet établissement. De la part des collègues des autres hôpitaux, rien ! Seulement de l'indifférence, voire de l'agacement. Chacun dans son coin craint de se faire absorber par des collègues que l'on soupçonne de vouloir tirer bénéfice de la réforme, mais dès lors que l'on n'est pas directement concerné, que chacun se débrouille. Comme l'a dit sans ambages un médecin extérieur à l'hôpital en question :

> Dans cet hôpital, ils sont fous. Ils n'imaginent pas qu'ils pourraient faire la même chose ailleurs. Ils ont des comportements d'héritiers.

Ce monde parcellisé fonctionne donc « individu par individu » selon une logique aiguë de carrière de moins en moins compatible avec le contrôle de la dépense. Celui-ci supposerait coopération et reconnaissance de l'activité clinique au même titre que les activités aujourd'hui valorisées dans la carrière. L'un des interviewés analyse très clairement les effets induits de cette contradiction :

> Le système de promotion est très pervers et pourtant c'est lui qui conditionne l'avenir des gens. Il est basé sur la liste des publications. Il faut donc se déplacer souvent, aller dans les colloques et les congrès. En fait, ils y consacrent une grande partie du temps payé et, quoi qu'on en dise, ça oblige à du sur-recrutement pour assurer le travail hospitalier. Si aujourd'hui on veut contrôler les coûts sans altérer la qualité, éviter que les internes ne prescrivent trop et gardent abusivement les gens en attendant le retour du patron, ça risque de remettre en cause quelques plans de carrière.

Ce que confirme l'un de ses collègues en ces termes :

> Plus les praticiens hospitaliers vont dans les salles, plus on économise en termes de jours d'hospitalisation. Or dans la tête de tout le monde et dans la leur en particulier, ils doivent avant tout faire de la recherche.

On comprend bien que, dès lors, tout changement légitimé par une nécessité collective (réduire les coûts, désengorger les urgences et donc accepter d'hospitaliser non seulement les cas intéressants mais d'autres encore) se heurte aux intérêts individuels. Dans la logique de « profession indépendante » qui est celle des médecins, garder son territoire, son indépendance, la maîtrise de son temps et de son activité est crucial. Cette situation que nous avons déjà rencontrée est une position dite de « marginal-sécant » : on est indispensable à l'intérieur, au sein de l'Institution, de son établissement, tout en ayant soi-même un univers de référence sur un marché externe, celui de la recherche et de la reconnaissance scientifique.

L'équilibre est donc fragile et sa remise en cause dramatique en raison de l'importance des clivages dans le monde des médecins. Sa rupture ne peut pas être acceptée au nom du simple bon sens – la nécessaire rationalisation des soins – tant celle-ci est loin de leurs préoccupations. Jamais le principe qui veut que le discours du bon sens ne soit pas toujours un discours qui ait du sens n'a trouvé une application aussi claire. C'est pourquoi les arguments développés pour s'opposer aux réformes relèvent parfois du « terrorisme émotionnel » : les enfants soignés dans cet hôpital menacé de fermeture courent-ils vraiment le risque de voir la livraison de leurs repas interrompue ? On comprend que la population s'en émeuve et apporte aux médecins un soutien sans faille. Et que dire de ces personnes âgées qui vont être laissées à l'abandon dans un autre hôpital, victimes expiatoires des réformes en cours ? Qui pourrait accepter une telle situation ?

Rendre compatible ce qui est contradictoire

À ce stade, une remarque s'impose : le monde hospitalier est sans doute l'un des univers dans lesquels les procédures sont les plus omniprésentes. Même si elles ne sont pas toujours respectées, tant s'en faut, elles sont là pour assurer la sécurité du patient et éviter ces erreurs médicales qui font la une de la presse. Qui n'a pas été surpris de s'entendre demander, en arrivant en salle d'opération, si l'organe opéré était bien le droit (ou le gauche) ? C'est la pratique de la double ou triple vérification, qui d'ailleurs n'évite que partiellement les erreurs. Néanmoins, elle rassure.

Mais dès lors qu'il s'agit de changer le fonctionnement de cet univers hospitalier, ces mêmes procédures ne sont d'aucun secours. Reprenons : il existe dans cette Institution deux logiques contradictoires, celle de la recherche scientifique et celle du soin. La question qui se pose est celle de l'aménagement de leur compatibilité, ce qui ne peut venir que d'une négociation patiente entre l'Institution, les médecins et les présidents des universités dont ils sont salariés. Et encore faudrait-il intéresser la communauté scientifique internationale à cette question, puisqu'elle en détient en partie les clés. C'est la condition pour impliquer les médecins de haut rang, les professeurs, la règle étant que, plus on est haut placé dans la hiérarchie médicale, plus la reconnaissance se fait par la communauté scientifique globale. Rien d'impossible : quelques pays ont commencé à reconnaître la recherche clinique. Mais pour amener tout le monde autour de la table, il faudra bien garantir à chacun qu'il pourra conserver sa visibilité, son autonomie, la maîtrise de sa recherche qui devrait lui permettre de continuer son « œuvre ». On le voit, les questions à traiter ne sont pas linéaires (une question, une réponse), mais elles concernent des acteurs agissant dans des sphères différentes. C'est ce que les sociologues appellent un « système d'action concret », et changer tout ou partie de son fonctionnement ne se fait pas par la réglementation ni les oukases du faux bon sens. Sans compter que j'ai simplifié… Car le sujet est si brûlant que les « politiques » se montrent interventionnistes à tout instant, mus par une logique qui, en l'occurrence, est clientéliste. L'un a été soigné par tel professeur qui se considère aujourd'hui comme menacé, l'autre ne veut pas voir fermer un service hospitalier dans sa circonscription. Bref, il faut à la fois gérer des individus au cas par cas (les professeurs, les élus) et faire évoluer un système très complexe, étant entendu que l'on en a analysé et compris les ressorts.

La question des marges de manœuvre

Il est dès lors possible de repérer les marges de manœuvre. Dans le cas présent, on constate qu'aucun des interlocuteurs n'a mentionné la perspective d'un manque de moyens humains. J'ai dû évoquer moi-même cette question, sans d'ailleurs qu'elle suscite un intérêt particulier chez les interviewés. C'est là pourtant l'argument le plus violemment opposé à la réforme, par les syndicats (et une partie des élus) en particulier, qui dénoncent avec virulence la « casse » de l'hôpital public. Mais cette crainte semble sans fondement, si l'on en croit ce « marqueur sociologique » qu'est le silence des acteurs à propos d'une question que l'environnement (la presse) considère comme brûlante. Car la question des moyens n'est vécue par aucune des parties prenantes comme un enjeu prioritaire. Elle est « instrumentalisée » pour mobiliser des acteurs – le public en l'occurrence – toujours effrayés à l'idée que le personnel pourrait manquer le jour où eux-mêmes en auraient besoin.

Ce qui prouve qu'il existe des marges de manœuvre dans l'organisation même des services. Il n'y a là rien de surprenant : comme je l'ai déjà indiqué, le secteur marchand a intégré depuis longtemps – sous la pression – l'idée qu'il est possible de faire mieux avec moins en utilisant l'organisation du travail comme variable d'ajustement. De ce point de vue, la spécificité de la matière traitée à l'hôpital – la santé – ne modifie pas la donne, au contraire. Qu'il y ait une opposition insurmontable entre qualité et réduction des coûts fait partie de ces lieux communs qui ont cours dans la gestion des organisations en général et des organisations publiques en particulier. Le sempiternel « manque de moyens » est le témoin constant de la volonté de ne pas s'attaquer aux zones de confort que des catégories professionnelles se sont constituées au fil du temps. Dans le cas présent, les acteurs interviewés en ont une claire conscience. Un professeur fait remarquer :

> Peut-être que la question des moyens est une vraie question, mais en tous les cas, elle est vraiment complexe. Les soignants regardent ce qu'il leur manque dans l'immédiat. Mais ils ne veulent pas regarder les défauts de leur organisation, qui pourrait facilement dégager des ressources supplémentaires. Partout il y a des moyens disponibles non utilisés.

À quoi un administratif ajoute :

> En ce qui concerne les moyens humains, on a largement plus que la moyenne nationale. Objectivement, on a nécessité de se réformer et de travailler davantage.

Poursuivons : ces marges de manœuvre « organisationnelles » apparaissent dès que la menace de voir tel ou tel service supprimé pour raisons de faible rentabilité se précise. Dès lors que le coût du service est mis en cause, les personnels effectuent d'eux-mêmes les ajustements qui permettent, par des changements dans l'organisation du travail, d'en réduire le coût tout en maintenant la qualité des soins. Nul besoin de « réformateurs » attitrés, de consultants spécialisés ni de procédures aussi sophistiquées qu'inutiles : comme dans toute bonne négociation, on comprend qu'il y a entre ceux qui veulent réformer et ceux qui s'y opposent, des « zones d'accord » qui ne demandent qu'à être identifiées et exploitées. En d'autres termes, c'est au cas par cas et non à partir de la vision abstraite et pour tout dire mégalomaniaque d'un plan d'action global que l'on peut « moudre le grain » de l'échange possible et sortir de l'affrontement stérile du tout ou rien. Ceux qui font de la lutte contre la nouvelle stratégie le combat de leur vie tout comme des acteurs beaucoup moins engagés en font le constat. L'un des premiers explique avec une certaine candeur…

> On ne cesse de nous dire que nous avions un énorme déficit. Peut-être ! Mais en nous réorganisant, nous sommes passée de *x* millions d'euros de déficit à *y* millions. Et si on nous laisse mettre en œuvre notre propre plan, on sera bientôt à l'équilibre.

… tandis que l'un des seconds s'exprime ainsi :

> Je leur ai dit – à la direction – de nous laisser le temps de nous réorganiser et si cela permet comme je le crois de reprendre des emplois, il n'y aura pas de problème. C'est une question de temps.

Demander du temps, c'est évidemment essayer de reculer les échéances. Mais cela ouvre également la porte à des échanges locaux qui, tout en laissant la main aux acteurs concernés, peuvent permettre de réaliser des gains considérables. On ne recherche pas un contrôle tatillon des acteurs, on les met en situation d'avoir à se contrôler eux-mêmes. C'est toute la différence entre un raisonnement bureaucratique et un raisonnement stratégique. Et plus ce que l'on cherche à obtenir est difficile, moins l'approche bureaucratique a de chances de succès. Elle rassure ceux qui y ont recours, les dispense d'une vraie réflexion sur la complexité et leur permet de se « couvrir » en cas d'échec. Dans ces cas-là, la multiplication des initiatives est la règle, qui permet de ne jamais se voir reprocher de n'avoir pas fait quelque chose puisque, précisément, on a tout fait. Le résultat compte peu.

C'est la raison pour laquelle, dans le cas présent, les critiques se cristallisent sur la méthode : contester la forme a toujours constitué un refuge pour ne pas débattre sur le fond. C'est encore plus vrai quand la conscience de ce qu'il faudra bien faire un jour se heurte au refus ponctuel d'initier ce changement. Cette contradiction est toujours génératrice de stress et de souffrance. L'un des interviewés l'a bien compris :

> Beaucoup de choses se cristallisent sur la méthode qui n'est en effet pas bonne. Mais personne ne propose de méthode alternative. Cela conduit à une absence de contre-propositions et se traduit en crispations de toutes sortes. En fait, nous n'avons pas été capables de concevoir un mode de consensus sur la méthode. On le paie aujourd'hui.

Il faut lire ce témoignage au deuxième degré. Nul ne conteste qu'il y ait là une fuite en avant, qui permet d'éviter la discussion sur ce qu'il faut faire en se focalisant sur la manière d'y parvenir. Mais rien n'est tout blanc ou tout noir. Ce sont les processus de décisions de l'Institution qui ouvrent la porte à cette pirouette.

Cela peut paraître paradoxal dans la mesure où, au sein de cette Institution, les instances locales et centrales de concertation sont nombreuses et associent un nombre non négligeable de personnes. Par ailleurs, nul ne remet véritablement en cause leur existence, ni même leur fonctionnement. Cette situation nous permet simplement de mettre le doigt sur une autre forme de paresse managériale : dans ce type d'organisation comme dans bien d'autres, les réunions prennent très vite un caractère routinier. Les acteurs y participent parce qu'ils « représentent » telle ou telle partie de l'entreprise et que, politiquement, il est normal qu'elle soit représentée. Les sujets traités suscitent un intérêt très variable, mais en fin de compte chacun est satisfait, ne serait-ce que parce qu'une demi-journée a été remplie. Il est d'ailleurs remarquable que ceux-là mêmes qui se plaignent de ces réunions « qui ne servent à rien » en organisent autant que les autres. Il s'agit d'un rituel d'entreprise qui a sans doute une fonction de socialisation, ce qui, après tout, n'est pas négligeable : la première chose que notent les participants, c'est qui est présent et qui ne l'est pas.

Mais lorsque la situation se tend, les rituels ne marchent plus : face à la tension et aux inquiétudes créées, dans le cas qui nous occupe, par un changement annoncé mais jamais mis en œuvre qui se concrétise soudain, les modalités utilisées pour informer, consulter, associer, doivent aller bien au-delà de ce qui se fait dans les instances officielles. Un exemple : lorsque Air France a dû faire face aux difficultés déjà évoquées, le président a pris le temps de « construire » la connaissance nécessaire et ce malgré une situation nécessitant des mesures urgentes. Mais par la suite, afin de trouver et de faire accepter des solutions parfois contraignantes pour les acteurs, un mode très « inclusif » fut utilisé. Des groupes de travail *ad hoc* furent constitués, réunissant des individus choisis non pas sur une base politique à courte vue, mais parce qu'ils étaient partie prenante d'une « séquence complexe » représentant une part importante de ce qui crée la qualité perçue par le client. Le rôle de la direction était, *ensuite*, de valider ou non les suggestions issues de ces travaux. Rien de formel ou d'artificiel donc, mais, pour revenir à un thème central de ce livre, de la confiance réciproque.

Dans le cas qui nous occupe, l'un des « décideurs » (!) constate à l'inverse :

> C'est vrai que nous n'avons pas vraiment communiqué sur ce que nous étions en train de faire. Du coup les gens n'ont pas de vision générale et se sentent exclus. C'est un vrai problème de défaut d'explication.

Même si c'est là une autocritique *a minima*, tous les acteurs confirment ce constat, y compris les administratifs, qui sont pour une bonne part en charge de la mise en œuvre du projet :

> Notre projet n'est pas assez objectivé. Il y a donc des décisions fortes qui sont prises, sans qu'il y ait des chiffres, des faits qui explicitent sur quoi on se base et qui justifient ce qui va se passer. Le décrochage vient de tout ça. Les gens savent qu'il faut changer, mais ils ne savent pas sur quelles bases les décisions sont prises.

On comprend que l'absence de *sens* clairement explicité alimente en permanence les rumeurs et les craintes quant aux conséquences des réformes, pénalisant de façon artificielle la capacité d'acceptation des changements en cours et les soutiens qui auraient pu leur être apportés. Un directeur d'hôpital, l'un de ceux donc qui pourraient servir de relais dans la mise en place de la réforme, constate :

> La plupart des médecins ne sont pas défavorables aux réformes. Mais ils veulent qu'on les écoute dans la clarté et aujourd'hui, ce n'est pas exactement le cas.

Là encore, l'effet de système est particulièrement frappant : les responsables administratifs locaux sont d'autant plus démunis face aux inquiétudes et aux pressions des acteurs qu'ils côtoient tous les jours que les messages qui leur arrivent sont flous, abrupts et transmis sans réelle anticipation des effets induits. Il n'est pas surprenant que, dans cette situation de « dénuement stratégique », ils se mettent à jouer le local face au central. Comme dans tout processus de changement, la façon de faire prend le pas sur ce qui est fait, d'où la critique récurrente sur la « méthode », qui isole ceux qui décident des soutiens qu'ils pourraient avoir. C'est ce que formule un directeur d'hôpital :

> En ce qui concerne le projet, on n'en voit que des morceaux. Le fait que l'Institution doive se réformer et même fermer des

> établissements, on peut l'entendre et le comprendre. Mais la méthode n'est pas acceptable. On ne sait rien de l'impact de ces restructurations sur les personnels, même si nous comprenons que l'Institution n'est pas maîtresse de tout et de toutes les décisions. On sait que certaines se prennent ailleurs.

Il n'est pas inutile de multiplier les témoignages afin de comprendre que ce « cri » jaillit de partout. Il faut aussi reconnaître que cette frustration collective ne relève pas de la seule responsabilité de la direction. Elle résulte pour une bonne part des contraintes dans lesquelles l'Institution se trouve prise, qui lui viennent de l'extérieur, mais qu'elle doit gérer elle-même en interne. La réforme de l'Institution est un sujet si sensible – nous avons noté plus haut l'interventionnisme des politiques – que chacun cherche à contrôler la communication en usant de logiques qui n'ont rien à voir avec la conduite du changement.

Mais en interne même, les oppositions sont à ce point anticipées qu'elles conduisent les concepteurs du projet à retarder le plus possible le moment de « dire », quitte en fin de compte à dire de façon plus ou moins maladroite. Comme souvent, chacun croit que l'autre est prévisible, échafaude des hypothèses complexes sur ses réactions possibles, délaisse le champ de la réalité pour celui de la théorie du complot… et finit par créer lui-même les conditions qui permettront la réalisation de ses propres anticipations pessimistes. C'est ce que les Anglo-Saxons appellent de la *self-fulfilling-prophecy*. Nous sommes au cœur !

Il n'est certes pas facile d'inverser cette tendance à la défiance et à une prudence qui garantit l'instant au détriment du résultat final. Toute la « mécanique » qui se met en marche est difficilement réversible : la plupart des acteurs – et parmi eux nombre de ceux qui « comptent » – sont davantage prêts à accepter le changement que ne le pensent ses concepteurs, lesquels vivent isolés et barricadés tant ils craignent qu'un assaut ne soit lancé. Simplement, tous ces acteurs formulent des conditions dont la mise en œuvre est entravée par les anticipations négatives des responsables : la clarté, la confiance, la cohérence, l'anticipation et la gestion des conséquences. Encore faut-il ajouter à cela la tradition bureaucratique de cette organisation qui amène le « siège », à l'exception de quelques responsables en charge du projet, à abandonner sa mission stratégique pour se perdre dans les détails sans fin du quotidien. L'un de ces administratifs centraux le dit clairement :

> Les directions fonctionnelles du siège ne sont pas en état de gérer le changement. Elles sont emmêlées dans les détails. Elles n'ont ni le temps ni les outils pour gérer le changement et en plus elles ne font pas confiance aux hôpitaux. Alors…

De la nécessité de trouver des relais

Il est dès lors nécessaire de faire un pas de plus pour comprendre l'extrême difficulté qu'il y a à récupérer le terrain perdu dans ces organisations qui ont tout « laissé filer » et qui, sous la pression de l'environnement, veulent effectuer un virage à 180 degrés. Observons d'abord que nous sommes face à un célèbre paradoxe : voilà une organisation qui pendant des années a été « autogérée » par ses membres et qui fait face à une situation difficile parce qu'elle ne dispose ni des bons modes de consultation, ni des moyens adéquats pour associer les personnels aux décisions. En somme, cette autogestion fonctionnait bien quand il s'agissait de se répartir des ressources abondantes ; elle est inefficace dès lors qu'il faut faire face aux difficultés. Il faut donc changer les pratiques, les adapter à un type de situation jusque-là inconnu, à partir d'une connaissance précise des enjeux des uns et des autres.

Les modes traditionnels de consultation ayant « explosé », la première nécessité est de recréer des « relais » qui puissent soutenir les initiatives prises, les expliquer et surtout en gérer au quotidien les incidences individuelles et collectives. Ce pourrait être, dans le cas de l'Institution, les cadres de la sphère administrative centrale et/ou les directeurs d'hôpitaux. Ce schéma « idéal » permettrait sans doute de sortir du syndrome de la décision annoncée au dernier moment et de contenir phénomènes de rumeurs et de procès d'intention, en établissant un dialogue permanent entre la logique centrale et la logique locale. Ce que l'on constate aujourd'hui dans l'Institution est bien éloigné de ce scénario. Les soutiens à la réforme sont nombreux, mais ils sont « éparpillés » dans l'organisation, ne se parlent pas et ne constituent donc pas une force sur laquelle on peut s'appuyer.

Au « siège », le soutien à la réforme est modéré, pour utiliser un euphémisme : bon nombre des cadres qui y travaillent ont fait leur carrière dans la direction des hôpitaux. Ils sont partie prenante de ce que cette catégorie nomme, sans la moindre connotation péjorative, le « corporatisme des directeurs d'hôpitaux ». Dès lors qu'à tort ou à raison cette catégorie se sent attaquée, elle développe une réaction corporatiste. Un cadre du siège en témoigne :

> À la base de certaines fermetures, il y a des problèmes d'investissement. Mais sur le fait de supprimer des établissements, j'ai de sérieux doutes, sauf pour l'un d'entre eux. En fait, au siège, on est loin d'être convaincus du bien-fondé de certains aspects de la réforme. La constitution de huit groupes hospitaliers par exemple [qui est l'un des aspects essentiels de cette réforme] est une erreur

monstrueuse en termes d'organisation et de gestion. Elle aboutira à des surcoûts et à des résultats négatifs.

À quoi un directeur d'hôpital fait écho de la façon suivante :

> Le projet est parti sur des principes dont on a dit, nous, que ce n'était pas possible. Le projet a été élaboré à partir de principes technocratiques dont on sait qu'ils ne marchent pas. En fait il y a plusieurs réformes qui se sont télescopées en créant une redoutable confusion.

Et pourtant, cette situation n'est pas inéluctable. On trouve des directeurs d'hôpitaux qui jouent le jeu. Ce sont ceux à qui la réforme profite – situation banale –, en l'espèce d'abord ceux qui sont devenus directeurs de groupe. Mais d'autres aussi, qui ont le sentiment d'avoir été associés aux changements qui touchent leurs établissements. Seulement ces pratiques sont à ce point erratiques qu'elles produisent, encore une fois, des effets dispersés. Ces acteurs deviennent néanmoins de bons relais, s'investissent au jour le jour dans chaque situation critique et contribuent, autant que faire se peut, à une mise en œuvre sereine du changement. L'un d'eux constate :

> Dans mon établissement, les orientations du siège ne sont pas déraisonnables, d'autant que j'ai contribué à les définir. Mais je ne veux pas me piéger comme dans l'hôpital X. Je vais doucement, à pas comptés, pour que petit à petit la partie médicale reprenne le projet à son compte. En fin de compte, c'est un travail intéressant.

Il est donc possible d'éviter la situation du seul contre tous, de se faire des alliés, de les mobiliser pour conduire des stratégies intelligentes de négociation progressive, en fonction des opportunités et en gardant à l'esprit le projet général. Mais pour que tout cela fonctionne, une ultime condition s'impose, qui a jusque-là échappé à la direction de l'Institution, obnubilée par la nécessité de conduire le « Changement », et d'obtenir tout, tout de suite. Car l'observation montre que, dans ce cas, parler du « projet » ou de la « réforme » est un abus de langage. Ce sont en fait plusieurs réformes qui sont en cours et qui se heurtent, au grand bénéfice de ceux qui n'en veulent aucune.

Il y a une *réforme médicale*, sans doute la plus délicate et la plus médiatisée, qui consiste à regrouper des services, à les fusionner, à les déplacer. Pour celle-ci, les opposants ont une très forte capacité à mobiliser des soutiens extérieurs. Parallèlement se poursuit une *réforme administrative*, elle-même scindée en deux : une partie porte sur la constitution des groupes hospitaliers, une autre concerne la réduction des effectifs d'un siège hypertrophié. Il n'est pas surprenant que l'ouverture de tous ces « fronts », sans qu'aucune priorité ait été clairement définie, rende la réussite de chaque partie aléatoire. La direction doit faire face à des « coalitions d'intérêts » qu'elle a elle-même générées, sans avoir fédéré par ailleurs ses soutiens qui restent dispersés aux quatre coins du champ de bataille. Les oppositions se cristallisent, les relais se lassent et les chances de succès s'amenuisent.

On perçoit bien la raison pour laquelle il est si difficile de faire changer ces organisations tournées vers elles-mêmes, devant lesquelles les directions comme les autorités de tutelle – lorsqu'elles existent – sont allées de renoncement en renoncement. Elles se caractérisent non pas par une absence de procédures ou de mécanismes de contrôle, il y en a à foison, mais par la disparition de normes simples de la vie collective. S'ajoute à ce premier éloignement de la « vie réelle » l'absence de comparaisons avec le monde extérieur. Difficile dès lors de se rendre compte que des situations ordinaires qui n'étonnent plus personne sont en fait extravagantes : les temps de travail, la longueur des congés, le rythme des absences sont petit à petit intégrés dans la marche normale de l'organisation. Quant au coût de tout cela, il n'est le problème de personne : la direction achète ainsi une paix sociale qu'elle suppose toujours en péril – la fameuse « peur du social ». De leur côté, les salariés ne perçoivent pas où est le problème, dans la mesure où quoi qu'il arrive on manque toujours de moyens.

Dans une telle configuration, pour effectuer des changements parfois rudes, il faut brûler ce que l'on a adoré. Là où la quasi-autogestion était perçue comme un dialogue social ouvert et moderne (!), il faut se cacher, préparer les décisions en petit comité et pratiquer une stratégie de « rapines » : on « leur » prend ce que l'on peut quand on le peut, ce qui ne fait que légitimer et nourrir la défiance initiale, qui elle-même va renforcer le culte du secret. Et ainsi va le train-train du non-changement des bureaucraties endogènes. Même si, répétons-le, ce n'est pas l'objet de ce livre, j'ai voulu montrer qu'il existe des possibilités de faire autrement. Quant à être entendu…

CHAPITRE VIII

Simplicité, confiance, communautés d'intérêts : de la possibilité de faire autrement

La vie quotidienne des entreprises n'est pas faite que de processus qui tournent à vide, de contrôles inefficaces ou de bureaucraties intermédiaires voraces. Certaines organisations ont fait des choix différents, sans qu'il soit toujours possible d'expliquer pourquoi. Un déterminisme simpliste pourrait amener à penser qu'elles se sont trouvées dans des contextes différents, sur des marchés différents, à des moments différents. Ce n'est pas le cas, on va le voir avec les exemples qui suivent. De même l'explication par l'histoire est-elle aussi séduisante qu'insatisfaisante : toutes les entreprises visitées – à l'exception notable de celles qui relèvent du secteur public – ont connu leur phase d'« entrepreneurship » durant laquelle la nécessité de faire l'a emporté sur la façon de le faire. Dans la majeure partie des cas, ces entreprises ont ensuite « rationalisé » leurs façons de travailler selon des modalités qui ont constitué la matière de ce livre. Cette vision en termes de « phases de développement » est séduisante parce que cartésienne. Elle permet en outre un fatalisme de bon aloi devant ce que l'on sait inutile (le fatras des processus et des contrôles), sans avoir les moyens ou la volonté d'y remédier. Pour un peu, il suffirait d'attendre que ça passe. Mais comme on l'a vu, ça ne passe (éventuellement) que sous une pression forte de l'environnement.

Or cette explication est insatisfaisante car nombreuses sont les entreprises qui ne connaissent pas cette phase de standardisation, et des voix s'élèvent aujourd'hui pour leur conseiller de ne pas s'y engager[1]. J'y reviendrai dans la conclusion. Remarquons pour le moment qu'elles réussissent à garder leur souplesse initiale et en font un « facteur clé de succès ». Sans doute le ou les dirigeants jouent-ils un rôle crucial dans la préservation de cette sagesse. Et si l'on voulait bien contenir tous les discours creux sur les *leaders* et le *leadership*, sans doute pourrait-on réfléchir sereinement à cette observation : il est vrai qu'un dirigeant est d'autant plus fort qu'il fait confiance et il fait d'autant plus confiance qu'il est fort. Or la confiance est précisément ce que j'ai opposé, dans les pages qui précèdent, à la bureaucratie procédurière. Il faut donc être sûr de soi, des hommes que l'on a choisis, mais surtout des règles du jeu que l'on a fait émerger dans son organisation, et être persuadé que cette double certitude assurera un fonctionnement moins rassurant peut-être, mais plus performant que ce qui est écrit dans les manuels de management.

Cela permet de comprendre que le « moment de vérité » d'une entreprise est bien celui du passage d'un père fondateur, ou du moins d'un dirigeant charismatique, à un management « normalisé ». Car travailler dans une organisation « floue » et *a fortiori* la diriger est quelque chose qui se « sent », et ceux qui le sentent ainsi ne sont pas majoritaires, tant s'en faut. Les autres entendent mettre de l'ordre dès leur arrivée, reprendre les choses en main, redéfinir les rôles, introduire de la clarté, et les consultants sont là pour les y aider. Je ne reviendrai pas sur les effets réels produits. Je me souviens de cette grande entreprise de matériel électronique – qui ne fait pas partie de notre échantillon – dont le nouveau et jeune dirigeant, après avoir appliqué ces règles de

1. Par exemple Rosabeth Moss Kanter dans « Transforming Giants : What Kind of Company Makes It Its Business to Make the World a Better Place », *Harvard Business Review*, janvier 2008, p. 43-52.

bonne gestion et généré les résultats humains qui leur sont liés, avait nommé un cadre supérieur en charge de la « restauration de l'entrepreneurship ». Ce dernier fit ce qu'il put, c'est-à-dire pas grand-chose. Les résultats financiers à court terme furent bons, mais l'ambiance se détériora jusqu'à l'exclusion et au remplacement du « DRH », qui lui-même n'avait pu faire autre chose qu'exprimer en vain son désaccord.

Nous allons donc passer quelques instants en compagnie de trois de ces organisations qui ont tenté de « faire autrement ». Je les ai choisies très différentes les unes des autres, non seulement pour ne pas me voir opposer l'argument de la similitude de leurs situations, mais aussi pour montrer que la liberté de prendre telle ou telle option existe partout. La justification par le déterminisme est au mieux un manque d'imagination, au pire un aveu de faiblesse. Pour ces ultimes visites, j'essaierai à nouveau de me prémunir contre la naïveté et le manichéisme. À cette fin, il faudra, chaque fois que l'occasion s'en présentera, relever les limites du fonctionnement de ces entreprises, ce qu'il leur est possible de faire et ce qu'elles ne peuvent entreprendre dans le cadre de leur « culture » du moment.

Penchons-nous pour commencer sur ce gros logisticien de la côte Ouest des États-Unis[1]. Sa taille lui permet d'être un opérateur mondial, avec cependant une orientation marquée vers la Chine, compte tenu de sa localisation. La structure est simple : un siège léger dans la banlieue de Los Angeles et des agences disséminées de par le monde, dépendant de façon très lâche de pays et de régions. Trois caractéristiques se dégagent de l'observation du fonctionnement quotidien de cette entreprise.

La première est une pratique bien ancrée du travail en équipe, que l'on retrouve à tous les niveaux de la compagnie. Comme nous l'ont dit bon nombre d'interviewés : « Ici, il n'y a pas de

1. Ce travail a été fait en 2008.

place pour les ego » ; ou bien (nous sommes aux États-Unis) : « Nous recherchons des groupes de rock, pas des vedettes du rock. » Je voudrais tout de suite noter que cette obsession « anti-star » est une marque de fabrique des entreprises américaines, consacrée par la fameuse phrase de Jack Welsh[1] : « Nous aimons les canards sauvages, pourvu qu'ils volent en formation. » Nous sommes à l'exact opposé de l'« individualisme anarchisant » que, en son temps, Michel Crozier mit si joliment en évidence pour caractériser la culture française.

La régulation, pas la règle

Dans notre entreprise, derrière ces fortes affirmations, les acteurs dépendent étroitement les uns des autres. Ce n'est en rien lié à des règles ou à des procédures ni à un quelconque système de contrôle, mais simplement au fait que, compte tenu de la façon dont l'activité est gérée, une mauvaise performance à un endroit a des répercussions immédiates sur une autre partie de l'organisation : une agence envoie, une autre reçoit. Quoique chacun opère dans son coin, son action favorise ou menace l'activité d'un autre, son résultat et sa rémunération.

De ce point de vue, on peut considérer que cette entreprise est autorégulée. S'il s'avère nécessaire de sanctionner quelqu'un, la demande vient non seulement du management, mais aussi des pairs : aucune chance donc de voir se développer une culture du « *me, myself and I*[2] ». Dans cette organisation, on ne gagne pas

1. L'ancien patron mythique de General Electric.

2. Formule anglaise illustrant la tendance d'un acteur à se mettre toujours en avant. On peut traduire par : « Je, moi et moi-même. »

tout seul, contre ou malgré les autres, mais avec eux et avec leur aide. Il est d'ailleurs remarquable de mettre en regard de ce très haut degré de dépendance entre les agences locales – les acteurs clés de ce système – le fait qu'ils ne se connaissent pas et ne se rencontrent quasiment jamais. L'efficacité réside dans les pratiques informelles. Nul besoin de multiplier les réunions, les voyages et les sessions de travail : tout le monde connaît les « règles du jeu » et les utilise de façon efficace. Le « siège » l'a bien compris en « positionnant » ses propres fonctions en « consultants internes ». Celles-ci se mêlent très peu des activités locales et la confiance est d'autant plus intrinsèque à la relation entre tous les acteurs que le moindre manquement, la moindre trahison seraient immédiatement sanctionnés par les autres.

On le voit, nous sommes loin des clichés traditionnels du management : « plus les bureaux sont proches et mieux on travaille ensemble », « il faut se connaître pour que la confiance s'établisse », « la dissémination des activités nécessite de renforcer les processus ». Non. L'essentiel n'est pas la règle mais la régulation, la façon dont les différents acteurs sont amenés à ajuster leurs stratégies à celle des autres et n'ont d'autre choix que de jouer un jeu collectif, faute de quoi ils risquent d'être rejetés par cette collectivité virtuelle.

Il faut pourtant admettre qu'au moment où ce travail fut conduit, quelques voix commençaient à s'élever au siège pour suggérer que « certes la compagnie n'était pas *top down*, mais que, *cependant…* », ce qui indique que cette liberté locale *pourrait* se voir opposer quelques limites. On a là un signal clair de ce que quelques cercles dirigeants commençaient à envisager la nécessité de construire une entreprise plus intégrée. La raison avancée, bien que vague, était l'imminence du retrait d'un des derniers fondateurs, en toute cohérence avec l'hypothèse de départ.

Une deuxième caractéristique réside dans le faible rôle joué par les règles, procédures et processus. Non seulement elles ne sont pas nombreuses, mais elles ne sont créées qu'en vertu d'un strict principe de nécessité accepté par tous. Et d'ailleurs, chacun invente les siennes à la manière des outils de gestion utilisés par le management local. Chacun se sent autorisé à créer ses propres ratios qui, s'ils sont intéressants, ont une bonne probabilité d'être acceptés par le reste de la compagnie. D'une façon générale, le management local considère que le pilotage est flexible (!) et qu'il est pleinement en charge de son unité. L'un de ses membres nous dit : « Ici, le plan de succession ne dépend que de moi », et chacun juge que cette situation rend précisément le métier intéressant.

De façon plus surprenante encore, les acteurs reconnaissent que leur entreprise encourage les « chevauchements [1] ». Voilà un point original et contradictoire avec les principes de bonne gestion, qui posent que si deux personnes font la même chose, cela revient plus cher que si une seule en a la charge. Ce faux bon sens implique ainsi que fonctions et responsabilités doivent être clairement définies. Les frontières entre individus, départements, unités et autres ne doivent souffrir aucune ambiguïté afin d'éviter que deux entités fassent le même travail. Mais ce point de vue se révèle vite artificiel : la fascination pour la clarté conduit à créer des monopoles internes qui se comportent, dans l'organisation, comme tout monopole sur un marché. Ils font payer le coût de leur situation monopolistique au reste de cette organisation. Il suffira au lecteur d'observer les relations entre un service informatique et le reste d'une entreprise pour comprendre ce

1. *Overlaps*, en anglais, terme qui indique que deux fonctions ou deux individus peuvent avoir la même responsabilité.

mécanisme assez simple. C'est bien ce que la compagnie qui nous occupe cherche à éviter avec une grande vigilance.

La troisième caractéristique de ce logisticien est l'importance que jouent les réseaux dans la marche quotidienne de l'entreprise. Il n'est pas surprenant que, dans une organisation aussi floue, il soit très important de connaître les « bonnes personnes ». C'est la meilleure façon de résoudre n'importe quel problème, ce qui est par ailleurs cohérent avec l'absence de procédures. Chacun dit : « Je sais où m'adresser pour trouver l'aide nécessaire. » Cela renforce la nécessité de jouer un jeu très collectif et d'alterner postes dans les agences et responsabilités au siège, ce qui ne pose de problème à personne.

Pour conclure cette rapide analyse, on peut enfin observer l'échange implicite qui s'effectue dans cette organisation et qui la rend si efficace : elle favorise un haut degré d'autonomie au niveau local, aussi longtemps que celui-ci permet d'obtenir un haut degré de performance. Ainsi les acteurs locaux peuvent-ils garder de la distance par rapport à ceux du siège et ne les « utiliser » qu'en cas de besoin. Ce sont eux qui décident de la fréquence et de l'intensité de la relation. Il n'est dès lors pas surprenant que les cadres de siège se définissent eux-mêmes comme des consultants, ce qui serait sans doute inimaginable dans un ensemble plus intégré. Mieux même : ce sont eux qui soulignent le plus volontiers le taux d'occupation très élevé des gens de « terrain » et précisent que leur rôle est de réduire les perturbations qu'ils pourraient apporter à leur activité.

Tout est-il pour le mieux dans le meilleur des mondes ? Non, sans doute, et l'on peut voir poindre quelques questions, *sans considérer cependant qu'il est inévitable qu'elles apparaissent*, ainsi que nous le verrons dans le troisième exemple de ce chapitre. Remarquons néanmoins que cette organisation dépend totalement des individus qui la composent. Interrogés sur ce qui pouvait constituer un problème pour eux, tous nos interlocuteurs se sont exprimés en termes de personnes : quelqu'un a démissionné, il a fallu prendre une sanction, un autre veut bouger, tout cela fait partie des préoccupations quotidiennes les plus prégnantes. Le système peut perdurer aussi longtemps que les dirigeants acceptent ce management des hommes « au cas par cas » et ne ressentent pas le besoin que tout soit sous contrôle. Mais la croissance rapide de l'entreprise, combinée au départ de son fondateur, ne manquera pas d'amener à une explicitation plus approfondie des règles du jeu, de ce qui est acceptable ou pas, de ce qui est négociable ou pas.

Cela est d'autant plus vrai que le mode de fonctionnement que nous venons d'esquisser est atypique. Il a donc dû être légitimé par le fondateur, qui a été en mesure de faire accepter cette façon de travailler non conventionnelle et a assuré le succès de l'entreprise. Sans doute son successeur devra-t-il stabiliser quelques « pierres angulaires » de l'organisation, sans générer un risque bureaucratique qui ne demande qu'à sortir du bois à la première occasion. Aller plus loin dans la formalisation (ce qui n'était pas à l'ordre du jour au moment de l'étude) relève du dilemme du dirigeant. L'histoire est en train de s'écrire.

La bureaucratie des experts

Changeons de continent et de monde pour observer un univers encore plus surprenant à bien des égards : il allie à la fois les traits classiques des bureaucraties, une grande efficacité dans les résultats et une interrogation sur sa capacité à faire autre chose, afin de s'adapter aux demandes nouvelles de ses clients. Il s'agit d'une organisation patronale, représentant une branche d'activité majeure pour l'économie du pays[1].

En effet, au premier coup d'œil, l'image qui s'impose, au moins pour le siège qui domine les entités locales et professionnelles, est celle d'une bureaucratie pesante, hiérarchique, figée, endogène. Elle continue immuablement à « mouliner » à satiété des textes juridiques toujours plus compliqués et plus aléatoires à interpréter. Elle est entourée d'une « périphérie » témoignant d'un haut niveau de satisfaction quant aux services qui lui sont rendus, respectueuse de l'expertise pointue de ceux qui travaillent au siège et peu disposée à remettre en cause cette domination des experts juristes.

En somme, au sein de cette organisation, les clients sont satisfaits… pour autant qu'ils maintiennent leurs demandes dans la sphère de compétence de la « maison mère ». Ce résultat remarquable ne va pas de soi : il est rare que les bureaucraties s'activent sous les applaudissements de ceux qui y font appel ! Il faut donc comprendre comment ont été mis en place des modes de fonctionnement originaux, effectivement orientés « client », qui s'appuient avant tout sur l'informel, la souplesse et la réactivité. On constatera que ces hyperspécialistes de la règle et de la procédure se sont bien gardés de s'en imposer la moindre, dès lors qu'il s'est agi de définir leurs façons de travailler et surtout de travailler ensemble. C'est presque un cas d'école.

Dire que cette institution est un univers d'expertise est un euphémisme : celle-ci est cultivée, valorisée, entretenue. Ce n'est guère surprenant, car elle protège l'autonomie de ceux qui la détiennent. D'où les longues années d'apprentissage, condition de son appropriation, et sans doute la surévaluation du temps nécessaire à son acquisition. Nous sommes aux confins de

1. Ce travail a été réalisé en 2009.

l'« esthétisme juridique », ce qui explique la quasi-impossibilité aux yeux des détenteurs de ces expertises d'entrevoir de possibles successeurs. Certains expriment même des doutes quant à leur niveau réel de compétences :

> Au niveau des compétences, la première année vous ne savez même pas ce que vous faites. Au bout de cinq ans, on a de vagues idées. Au bout de dix ans, ça va et au bout de vingt ans, on arrive encore à vous coller.

> Quand on est là depuis vingt ans, on arrive enfin à résoudre 95 % des questions qui vous sont posées sans avoir à se lever.

> Non... je ne sais pas comment mon travail est évalué... tant qu'il n'y a pas de plaintes... tout le monde a l'air content. Et pourtant, mon directeur n'a pas l'air de se rendre compte que, par rapport à lui, j'ai des lacunes.

Il n'est pas surprenant que cette sur-expertise génère des fonctionnements bureaucratiques qui se déclinent aisément : une logique dominante magistrale et de ce fait peu à l'écoute de ce qui n'entre pas dans le champ étroit de sa spécialisation juridique ; une organisation dont personne ne sait pourquoi elle fonctionne comme cela, en particulier pour ce qui concerne la répartition des champs de compétences entre services, mais que tout le monde considère comme intangible et immuable. En voici une illustration amusante :

> Temps de travail et conflits collectifs ? Non, ça n'a rien à voir. Je ne sais pas comment ça se fait. Ça n'a pas été modifié depuis que je suis arrivé, il y a vingt-six ans. Mais c'est la même chose pour les autres services.

On constate une très faible mobilité entre ces services. Elle n'est d'ailleurs pas souhaitée par les acteurs. Chacun a le sentiment d'être dans un « cocon » protecteur exceptionnel, surtout si on le compare aux autres services… dont on ignore à peu près tout. Une fois encore, nous avons affaire à un fonctionnement en « nid d'abeilles », qui est plutôt le fait des organisations administratives : chacun se sent partie prenante d'une communauté particulière, focalisée sur sa compétence, qui correspond à une tranche du code du travail ; la répartition des contacts avec l'environnement est hiérarchisée à l'extrême : chacun connaît le niveau des interlocuteurs auxquels il peut s'adresser. Cette règle implicite permet aux directeurs de garder un plein contrôle de leur sphère, de ce qu'elle produit et donc de l'image que vont s'en faire les clients comme le reste de l'institution. Un interviewé le décrit ainsi :

> Les relations avec la direction ne sont pas simples, et d'ailleurs, nous n'avons pas de relations du tout. On devrait être plus impliqués auprès de la hiérarchie, mais la direction ne s'adresse qu'aux chefs de service, jamais à nous. Et les directeurs eux-mêmes ne s'adressent qu'à leurs homologues.

Enfin, une grande « immaturité » organisationnelle complète le tableau. Elle se traduit par la place que prend la dimension affective dans les relations, un peu comme si l'affect devait parfois se substituer à la distance qui leur est nécessaire. Un des interviewés l'interprète dans ces termes :

> Ici, les gens mélangent vie personnelle et vie professionnelle. Beaucoup prennent les choses à titre personnel. Ce que dit le chef peut prendre des proportions considérables. Personne n'a le moindre recul par rapport à ça et ça fait des drames.

Ce premier constat nous ramènerait presque au début de cet ouvrage : encore une de ces organisations parcellisées, repliée sur elle-même, insensible aux attentes de ses clients, en l'occurrence les entités régionales. Ceux-ci sont néanmoins satisfaits, ce qui conduit à un second niveau de lecture, qui permet de comprendre ce paradoxe : comment une bureaucratie endogène peut-elle apporter un service d'une qualité que personne ne conteste ?

Sans doute peut-on penser que le client a compris ce qu'il pouvait attendre de cette organisation et a su adapter en conséquence le niveau de ses attentes. Un cercle vertueux se crée alors qui conduit l'institution à renforcer son expertise, laquelle atteint un niveau qui défie toute critique. Pourquoi pas ? Mais cette explication ne rend pas compte d'une réalité plus complexe : cette organisation a développé des modes de fonctionnement souples et informels l'autorisant à répondre vite et bien aux demandes de son environnement, toujours dans le cadre restreint de son hyper-spécialisation.

Même une bureaucratie peut être souple

Pour aller plus avant, examinons ce qui satisfait tant les interlocuteurs de cette union patronale. Tout le monde lui reconnaît la capacité à « dire le droit », y compris ceux qui le produisent, les administrations spécialisées. Comme le note l'un des juristes :

> Les entreprises et nos unités territoriales sont très satisfaites des services que nous fournissons. On a souvent corrigé des erreurs faites par leurs avocats ou même par l'administration.

Bien entendu, le degré de pression qui s'exerce sur ces spécialistes varie suivant le domaine concerné et l'urgence des réponses à fournir. Tout ce qui touche à la gestion des conflits, aux licenciements et aux plans sociaux est très sensible. Les contrats de travail et les conventions collectives le sont moins. Une partie des nuances apportées à l'appréciation des aides procurées par ces spécialistes tient pour partie à cela. De même, à regarder en détail, on peut remarquer que le service juridique « brut », celui qui concerne l'application ou l'interprétation immédiate de la loi, suscite plus de louanges que la production de documents analytiques. Et l'on comprend que cela tient à l'absence de délégation mentionnée précédemment : le chef veut contrôler tout ce qui sort de son service. Cela limite la production qui peut être mise à disposition du « marché ». Il faut donc faire des choix et c'est en priorité l'interprétation « politique » des textes, la doctrine patronale en quelque sorte, qui est sacrifiée. Les effets pervers de cette centralisation sont d'ailleurs clairement perçus sur le terrain. Un représentant d'une instance régionale fait remarquer :

> J'aimerais bien avoir des informations sur les points de vue politiques sur un certain nombre de sujets. Il faudrait réfléchir à une communication orale plus rapide et plus ouverte. Parfois ils [au siège] hésitent à écrire certaines choses, quelle qu'en soit la raison.

Mais malgré ces propos nuancés, ce qui frappe, c'est bien cette remarquable capacité à fournir des réponses rapides et précises à des questions complexes, qui requièrent des compétences diverses. En réalité, cette performance tient à un fonctionnement informel allié à une règle du jeu implicite : celle-ci exige que l'on réponde à toute demande par une coopération spontanée entre les acteurs qui contribuent à élaborer l'argument « intégré » soumis au demandeur. En d'autres termes, cette organisation témoigne d'une remarquable habileté à sortir de sa routine segmentée et parcellisée pour satisfaire les exigences de ses clients. Et, paradoxe dans le paradoxe, ce qui rend possible ces comportements ouverts, c'est une autre règle du jeu qui veut que l'on n'empiète jamais sur le territoire de l'autre. Exemple éloquent de la réduction de l'incertitude des comportements qui rend possible la confiance ! Dès lors que cela est clair pour tous, faire appel à toutes les compétences requises afin de répondre aux questions les plus compliquées ne constitue en aucun cas une menace.

C'est bien dans le « flou » et non par les règles, les procédures ou les processus que s'est construite cette remarquable « orientation client ». Nous sommes face à un savoir-faire d'une indéniable originalité, qui témoigne d'une souplesse et d'une réactivité dont peu d'organisations sont capables. Les acteurs sont en l'occurrence parfaitement conscients de ces pratiques :

> On travaille de façon assez isolée au quotidien. C'est vrai. Mais on sait travailler en équipe sur les questions auxquelles on ne sait pas répondre tout seul. Et c'est pareil entre les services. Peut-être qu'on est cloisonnés, mais c'est informel. On sait très bien travailler ensemble.

> La répartition du travail se fait de façon tout à fait informelle. Moi par exemple, je suis chargé de veiller sur le Journal officiel et ensuite on se répartit le travail de façon informelle. Il y a des réunions de services ou entre services tout aussi informelles en cas de besoin ou de difficultés.

> L'entente est très bonne avec les juristes des autres services. On s'appelle entre nous pour répondre à nos adhérents. On a la notion du champ de compétences de nos collègues.

En d'autres lieux, on appellerait cela des « communautés virtuelles ». Nous en reparlerons. Ajoutons dans l'immédiat que ce flou qui affecte le fonctionnement quotidien se retrouve sans surprise dans la gestion des personnels. Là encore, ces spécialistes de la règle ont su éviter de se lier les mains par des contraintes qu'ils imposent tous les jours à d'autres : pas de représentation du personnel par exemple, et la simple évocation de cette possibilité paraît incongrue à tous. Mais pas de gestion des parcours de carrière non plus, pas de clarté dans les critères d'évaluation de la performance, les modalités d'augmentation de salaires ou n'importe quelle autre question concernant la gestion des personnels. Une aristocratie en somme, qui s'exonère de ce qu'elle impose à ses sujets-clients. Tout reste dans l'informel, la relation de face à face et surtout dans la confiance bien réelle entre le chef et « ses » juristes. Lesquels s'expriment ainsi :

> Je ne suis pas évalué… non… il y a peut-être un bouche à oreille, mais en tous les cas, il n'y a pas de processus formalisé. Mais l'évaluation de gens qui sont là depuis vingt ans serait sans doute mal vécue.

> Nous, on souhaiterait peut-être un entretien d'évaluation. On en a un informel. On ignore sur quelles bases sont décidées les augmentations de salaires. Il y a beaucoup de choses dans l'informel et ça fonctionne très bien comme cela depuis toujours.

Personne ne s'en plaint donc, du moins officiellement. Mais on ne saurait oublier que certains quittent le navire : ceux qui n'y trouvent pas leur compte, ou qu'un mode de fonctionnement aussi impressionniste met mal à l'aise. Cette institution joue alors le rôle – positif au demeurant – d'un excellent centre de formation pour des jeunes qui iront ensuite vendre leurs compétences au mieux-disant. Ne restent que ceux qui savent se mouvoir dans cet univers particulier, qui en comprennent les us et coutumes et sont ensuite capables d'en reproduire et d'en transmettre le fonctionnement. Cette acculturation est une condition de longévité au sein de ce monde, mais les temps d'apprentissage sont longs.

L'organisation, séduisante à bien des égards, est donc à nouveau un facteur clé de succès et assure à cette institution une vraie rente de situation. Mais elle a, comme les autres, ses limites. On remarque en effet qu'elle est adaptée à des demandes bien précises, connues et banalisées. Le risque existe d'être confiné dans ce rôle au moment où les clients diversifient leurs demandes et où les homologues étrangers expérimentent des palettes de services autrement plus variées. Les entités régionales elles-mêmes prennent des initiatives pour sortir du champ juridique exclusif. Et ces initiatives sont proactives : les entités cherchent à se doter de nouvelles compétences, embauchent en dehors de la filière juridique et les nouveaux recrutés se lancent dans une politique de l'offre en anticipant des besoins que les entreprises n'ont pas encore formalisés. Deux d'entre eux décrivent la situation ainsi :

> Les entreprises sont confrontées à des problèmes nouveaux. Par exemple, elles auraient dû réfléchir depuis longtemps au-delà du local. Mais elles n'ont pas pris en compte cette dimension de la globalisation et nos services non plus. On ne répond qu'en termes juridiques, en tant qu'experts. Mais il faut davantage réfléchir à la dimension ressources humaines, aux nouvelles compétences, à la stratégie…

> On crée des liens entre les entreprises, par filière, pour monter des projets de développement économique. On anime des réseaux et on fait surtout de la gestion de projets. On doit avoir une veille permanente sur chaque filière. Par exemple, je fais venir une grande entreprise pour que les sous-traitants sachent bien ce qui se passe et s'adaptent aux nouveaux critères d'achat.

Dès que cette nouvelle offre existe, qu'elle entre dans le « panier » des offres des entités locales, elle suscite d'autant plus de demandes que la situation économique se dégrade. Se dessine donc une inversion progressive de la logique dominante qui est encore celle de l'institution : une position d'attente des questions, exclusivement juridiques, puis la mobilisation (remarquable) des ressources pour y répondre. Il s'agit d'une posture réactive, qui met un savoir complexe à la disposition de ceux qui en font la demande. Au niveau local (et dans d'autres pays comparables), c'est tout autre chose : il s'agit d'aller « chercher les questions », d'anticiper, d'aider les entreprises à formaliser leurs besoins actuels et futurs. Or ceux-ci relèvent beaucoup plus du champ économique que du champ social, qui plus est réduit à l'application du droit du travail.

Les stratégies développées par les entités locales conduisent à des remarques supplémentaires, qui vont une nouvelle fois nous plonger dans une logique systémique : elles utilisent la légitimité conquise depuis longtemps par l'institution dans le domaine du droit du travail pour se constituer leur propre légitimité dans des champs nouveaux ; elles réagissent avec vigueur à l'apparition d'une concurrence de plus en plus vivace sur le terrain des services aux entreprises ; elles s'appuient sur le caractère quasi familial des relations entre les entreprises adhérentes et l'institution dans son ensemble. Bref, les entités locales « captent » l'image et les relations de l'institution à leur profit, afin de « déborder » cette dernière dans l'offre de services. La boucle sera bouclée lorsqu'on aura compris ce qu'elles peuvent attendre de leur maison mère dans un tel contexte. En réalité, ces attentes sont faibles et la tentation est grande de maintenir le *statu quo*. Des doutes se font jour un peu partout quant à la capacité de l'institution à adopter des modalités d'action plus innovantes, davantage tournées vers l'animation, vers la production rapide d'analyses plus prospectives qu'« interprétatives ». Au gré de ces doutes, les unités locales se tournent vers un fonctionnement en réseaux qui exclut le centre. Cela leur permet de mettre en commun des idées, des expériences, mais aussi des moyens humains qu'elles ne pourraient pas mobiliser chacune de leur côté.

Dans l'immédiat, ces réseaux se constituent « au coup par coup », en fonction des besoins et des rencontres. Les initiatives restent locales, tributaires de l'inspiration de responsables locaux qui élargissent la palette de leurs embauches. Bref, pour le moment ce n'est pas une politique, mais cela en prend le chemin. La question qui sera posée dans un avenir proche à la maison mère sera celle de sa capacité de sortir du fonctionnement bien huilé qui est le sien aujourd'hui, efficace certes, mais dans un registre très étroit. Il lui faudra à cette fin conserver les modes informels de coopération qui lui donnent toute sa légitimité dans le domaine spécifique du droit et s'attacher de nouvelles compétences, dont la gestion obligera sans doute à sacrifier une partie des modes de fonctionnement traditionnels. Ce ne sera sans doute pas l'un *ou* l'autre, mais l'un *et* l'autre, et le succès viendra de la capacité à maintenir le bon équilibre entre les deux, aussi longtemps que possible.

De la complexité des organisations

Je saisis une fois encore l'occasion pour faire remarquer que, au fur et à mesure que les exemples se déploient sous nos yeux, l'image de la vie des entreprises se complexifie : il n'y a pas d'un côté les bureaucraties endogènes dont il faudrait saluer la disparition dès que l'occasion s'en présente et, de l'autre, la souplesse et la réactivité des entreprises du secteur marchand. Ces deux modes de fonctionnement (et d'autres probablement) coexistent au sein des mêmes organisations. Les bureaucraties privées ne sont pas meilleures que celles du public, et la souplesse bureaucratique vaut bien les sauts de puce que quelques entreprises accomplissent au gré des modes managériales.

En revanche, nous commençons à percevoir que la différence tient à la *simplicité*[1]. Simplicité des relations, des « structures », des modalités de travail collectif, tout ce qui permet de faire vite et bien à un moindre coût. Mais simplicité ne signifie pas clarté : peu de choses sont « claires » dans la vie collective, et le recours à la notion de transparence – « Dis-moi tout et moi je ne te dirai rien » – n'en paraît que davantage manipulateur. La simplicité signifie que l'on sait ce qui est faisable ou pas, que l'on peut raccourcir les circuits quand c'est nécessaire, constituer des ensembles virtuels si la situation l'exige, sans qu'il soit besoin d'adopter une composition politique (qui faut-il y mettre pour ne vexer personne ?) et sans que ces ensembles perdurent *ad vitam aeternam*, dès lors que leur mission est achevée. C'est bien pourquoi intégration ne rime pas avec processus mais avec simplicité et règles du jeu.

Il n'est dès lors pas surprenant que le dernier exemple nous emmène dans une entreprise qui a sans doute effectué cette intégration au mieux et qui réussit à la faire perdurer, par-delà les nombreuses acquisitions qu'elle a réalisées et les aléas du marché.

J'ai eu plusieurs fois l'occasion d'observer cette grande entreprise de cosmétique au cours des vingt dernières années. La dernière fois (travail auquel je me réfère ici[2]), les dirigeants se souciaient de faire comprendre à leurs jeunes cadres, issus du monde entier, le fonctionnement particulier de cette maison (sa culture), auquel ils savent qu'il n'est pas facile de s'adapter. J'ai

1. Jack Trout et Steve Rivkin, *The Power of Simplicity. A Management Guide to Cutting Through the Nonsense of Doing Things Right*, New York, McGraw-Hill, 1999.

2. Il a été réalisé en 2008.

donc été amené à comparer l'organisation d'aujourd'hui à celle d'hier et je me souviens avoir intitulé la note que j'ai remise à cette occasion : « La culture de X : peu de différences, une grande permanence, pour la même performance ».

Car il est vrai que cette question de la « culture » (les pratiques et comportements récurrents au sein d'une organisation) a toujours été centrale pour cette entreprise. Elle est en effet très atypique : si on la compare aux canons du management moderne, elle surprend par son aspect peu orthodoxe. Et pourtant, depuis des années, sa performance économique ne cesse d'impressionner. Ce qui suggère qu'il existe un lien étroit, direct, entre la façon quotidienne de fonctionner, de résoudre les problèmes, de prendre les décisions, et les résultats que l'entreprise obtient. Il en va de même des résultats humains : nous verrons dans les pages qui suivent que la vie peut y être très dure, mais la force d'attraction de cette « marque » reste intacte, ce qui la met en tête des classements auprès des futurs cadres.

On a toujours présenté cette culture comme celle du « flou » (la notion nous est désormais familière), dans laquelle organigrammes, définitions de fonction, règles et procédures n'ont qu'une importance marginale, quand ils ne sont pas purement et simplement interdits. À une organisation écrite, codifiée, claire, cette entreprise a toujours préféré la « confrontation », son mot fétiche, même s'il est aujourd'hui moins revendiqué. De même, les « chevauchements » entre fonctions sont nombreux et assumés, pour des raisons que j'ai déjà explorées et que cette compagnie est une des seules à avoir comprises et surtout intégrées dans ses « principes de management ». L'une des personnes interviewées recourt à une formule parlante pour expliciter ce constat :

> On n'a pas de fonctionnement en mode projet, ou du moins il n'est pas formalisé, comme toujours dans cette entreprise. Dans

un travail par projets, il y a toujours un leader. Chez nous, il y a toujours plusieurs leaders et ça marche bien comme cela.

Une fois encore, prévenons-nous contre toute naïveté : le flou n'a jamais concerné le domaine de la production qui ne l'aurait pas souffert. Mais il a toujours marqué les relations entre recherche et développement (R&D), marketing et sphère commerciale. De plus – et c'est sans doute ce qui est le plus difficile à expliquer –, le flou illustre probablement le contresens permanent qui est fait sur l'« orientation client » de ce groupe. Selon une vision traditionnelle, la compagnie pourrait être perçue comme « orientée produit ». Il vrai que les entreprises de ce secteur, dans le luxe surtout, ont une tendance naturelle à considérer que leurs marques « font » le marché beaucoup plus qu'elles ne le subissent. Mais, en réalité, la question de savoir qui l'emporte (au bon sens du terme) dans cette confrontation permanente, dans la gestion complexe et très politique de ces « chevauchements » entre pays, marques, zones et divisions mérite d'être posée. C'est la connaissance du marché, de « son » marché, qui permet de s'engager sur un résultat, avec, bien entendu, toutes les sanctions possibles en cas d'affirmations erronées. Pour « gagner », il ne suffit pas de dire, il faut faire.

Voilà posé le tableau général, celui dans lequel ont évolué des générations de salariés, cadres et dirigeants. Mais cette culture a-t-elle passé l'épreuve du temps, des fusions, des crises qui se succèdent, des changements de dirigeants et des orientations stratégiques qui vont avec ? Ou a-t-elle dû « rentrer dans le rang » et revenir à des normes managériales plus conformes à ce qui est enseigné dans les bonnes *business schools* ? Nous allons constater que, s'il y a eu des changements, comme toujours imposés par l'environnement, ceux-ci sont restés très marginaux. Ils relèvent de l'apparence. L'essentiel, c'est la permanence.

Interrogés sur ce qui a changé dans cette entreprise depuis qu'ils y travaillent, aucun des individus interviewés n'a mentionné le fonctionnement au jour le jour. À leurs yeux, c'est toujours pareil ! Pourtant, en regardant de plus près, on peut repérer des domaines dans lesquels les évolutions semblent incontestables : la professionnalisation des ressources humaines par exemple, sur laquelle il faudra revenir ; ou bien les relations entre le marketing et la recherche, aujourd'hui apaisées et plus confiantes qu'elles n'ont pu l'être auparavant.

Mais le plus intéressant est ailleurs : tout le monde s'accorde à reconnaître que la concurrence est devenue de plus en plus rude et que les distributeurs, de mieux en mieux organisés, ne cessent d'augmenter leur pression sur les prix. L'entreprise y a fait face, personne n'en doute. Le prix à payer a été l'amélioration de la productivité, autant dire un surcroît de travail demandé à tous ses salariés. En revanche, elle n'a pas touché à son mode de fonctionnement. Bref, contrairement à ce qui a été observé dans la majorité des cas, l'organisation n'a pas été la variable d'ajustement à la demande contemporaine du « toujours plus pour toujours moins ». Ni la pression des marchés financiers ni l'arrivée massive d'activités en provenance d'un monde anglo-saxon qui n'aime pas beaucoup le flou n'ont impacté de façon profonde et durable le « cœur » de cet univers si particulier. Il est resté vivant (et non pas immuable), chacun a appris à le faire vivre à sa façon, à s'y adapter, même si cette adaptation prend du temps et connaît des ratés. Il nous faut donc plonger dans ce monde afin d'en comprendre les caractéristiques qui « font système ».

Une culture de confrontation

Derrière des « structures » qui sont devenues plus complexes au gré de l'élargissement des territoires et des gammes, les termes de la « confrontation » demeurent inchangés. Le mot lui-même sert de fil conducteur aux conversations avec les individus interviewés, sans qu'aucun d'entre eux y mette une quelconque connotation péjorative. L'un d'eux fait ainsi une description « intemporelle » de la vie de tous les jours :

> C'est la zone [une des nouvelles structures] qui est aujourd'hui entre le marteau et l'enclume. Elle est en confrontation permanente avec la marque. La marque a par définition une logique mondiale, mais les régions peuvent argumenter sur leur développement. De même, la confrontation porte sur l'image de la marque : le même visuel ne fonctionne pas partout pareil. La zone peut demander que l'on fasse attention et c'est pareil pour la notion de services, ça n'a pas la même importance partout.

Cela induit un fonctionnement très « politique » (par opposition à procédurier), qui a en charge la résolution des différences d'appréciations et (surtout) d'intérêts. Le terme de « politique » est d'ailleurs tout aussi fréquent dans les entretiens que celui de « confrontation ». L'un va avec l'autre. Les deux font partie du quotidien, comme le soulignent deux personnes interviewées :

> Ici, il y a beaucoup de politique et on passe son temps à déminer les fausses alertes. D'ailleurs, c'est pour ça que je ne peux pas vous décrire notre organisation : elle est beaucoup trop politique.

> Tout ça est vraiment très complexe car cette entreprise est une organisation matricielle au plein sens du terme, avec de nombreux

> points d'entrée dans la matrice. On est toujours dans un système de contre-pouvoirs. C'est épuisant, mais remarquablement efficace.

Voilà bien l'une des très rares organisations dans laquelle on parle des jeux de pouvoir sans complexes. La norme, en général, est plutôt de se gargariser du consensus et de l'intérêt général. Ici, la politique, c'est ce qui fait avancer les choses. Le mot « culture » prend alors tout son sens, loin de son usage courant, mielleux et autosatisfait. Il exprime une liberté, un naturel dans la compréhension de la dimension politique de la prise de décision. Celle-ci n'est pas intégrée à l'entreprise, elle « est » l'entreprise. Bien entendu, la puissance de la composante politique s'exerce au détriment de la clarté. Cette entreprise est et reste une organisation floue, aussi bien dans la façon dont fonctionnent des structures de plus en plus complexes, que dans l'aléa qui préside à l'application de décisions rarement formalisées et explicitées. Elles sont et doivent être « comprises » ; leur mise en œuvre se fera au gré des circonstances.

La pelote se dévide alors naturellement : la complexité, le flou et la dimension politique se gèrent grâce aux réseaux. Ceux-ci se constituent au fil du temps et des rencontres. Ils permettent de savoir à qui s'adresser, avec qui nouer les alliances gagnantes susceptibles de faire avancer une décision, où trouver les bonnes informations, ressources clés dans ce monde qui s'en nourrit au jour le jour. Comme le dit un « ancien » :

> Ce qui a changé depuis dix ans ? Peut-être qu'on est plus factuel et plus orienté résultats, alors qu'avant on était plus subjectif, plus rhétorique. Mais on est tout autant réseaux qu'on l'était avant

À ce stade, on ne sera pas surpris de constater, comme dans les exemples précédents, que cette organisation est très dépendante des personnes qui y interagissent. C'est en réalité une dépendance réciproque : on ne parvient pas aux responsabilités les plus élevées si l'on n'a pas démontré que l'on a compris les règles du jeu. Certes, tout dépend davantage des hommes que des règles, des procédures ou des structures, mais ces hommes sont loin d'être libres d'agir à leur guise. Ils expriment leurs qualités dans un système « régulé », si bien que le « flou » ne dérive jamais dans l'anarchie. D'où une mobilité de tous les instants : il faut changer les uns, en appeler d'autres, faire bouger ceux qui restent, au gré des opportunités dans ce marché interne de l'emploi très vivant. Pour avancer, il faut se « vendre », imposer aux autres sa propre nécessité, leur montrer qu'ils ont besoin de vous. Ce que confirment spontanément deux interlocuteurs :

> Bien sûr, en matière de mouvement des gens, les patrons n'ont théoriquement pas le droit de les faire sans nous [les ressources humaines] en informer. Mais ça ne m'intéresse pas si c'est juste pour respecter une règle. Je veux plus. Je veux être vraiment consulté parce que mon avis les intéresse et qu'il a une vraie valeur ajoutée pour eux.

> Moi, j'essaie avant tout de rentrer des entrepreneurs. C'est utile dans cet environnement peu formalisé. Il faut être capable de vivre de façon autonome et de s'imposer.

La fonction « ressources humaines » quant à elle doit imposer un savoir-faire qui est toujours à démontrer. Un premier regard pourrait laisser penser qu'elle est marginalisée : ce sont les « opérationnels » qui prennent toutes les décisions et si les résultats suivent… Aussi certains interviewés ont-ils déclaré de façon quelque peu radicale qu'ils n'en attendaient rien : s'ils veulent « bouger », ils font d'abord confiance à leurs propres réseaux, avant de faire entériner leur décision par la DRH. Ce qui est vrai d'un certain point de vue, mais la réalité est plus nuancée. Il est indéniable que l'avantage concédé aux opérations est considérable et que les fonctions « support » doivent trouver une place que nulle règle ne réussirait à imposer. Pour le dire autrement, elles sont elles-mêmes sur un marché et s'y imposent d'autant mieux que la qualité de leurs services est irréprochable. C'est en se positionnant comme une ressource (et non pas comme une contrainte bureaucratique, ainsi que nous l'avons si souvent vu) pour les opérationnels que les ressources humaines se font « accepter » :

> Les RH ont un rôle utile de suggestion. Elles peuvent chercher à influencer et surtout elles accompagnent, en particulier avec la formation. Mais bien sûr, en fin de compte, ce sont les opérationnels qui décident.

Néanmoins, cette fonction a été contrainte de se professionnaliser sous la pression des acquisitions en particulier et de la nécessité de les intégrer dans des conditions qui ne produisent pas une hémorragie des talents. Il a donc fallu distinguer l'évaluation de la performance de l'exercice d'un simple arbitraire – ce à quoi les RH se réduisaient jusqu'à une époque récente, sans que cela pose problème – afin de lui donner plus de formalisme. Celui-ci est une condition nécessaire pour que tous ceux qui arrivent de l'extérieur aient le sentiment de rejoindre une société « juste ». Ce cap a été franchi sans que cela représente une révolution des modes de fonctionnement. Un cadre précise :

> Ce qui a changé aussi, c'est l'appréciation de la performance. Avant, c'était oral et il y avait des gens qui vivaient ça assez mal. Aujourd'hui, on est devenus plus justes avec les hommes. Donc on recrute mieux et on s'appuie sur une vraie politique de formation.

Une organisation originale, mais dure à vivre

On peut se demander quel rôle tient la hiérarchie dans ce bouillonnement permanent. Certainement pas celui de prendre des décisions brutales qui devraient s'imposer à tout le monde ! Être le chef au sein de ce monde peut devenir une notion très vague, dès lors que quelqu'un peut apporter la connaissance du marché qui garantit de bons résultats commerciaux. Dans cette entreprise, la hiérarchie s'efface derrière le marché. Mais elle n'est pas inactive : on se souvient que le moteur de cette belle machine est la confrontation permanente. Celle-ci non plus n'est pas abandonnée à l'anarchie. Elle est organisée par le « patron » (de la division, de la marque, de la zone), qui devient un arbitre. Il note les engagements de chacun et saura les rappeler aux uns et aux autres le moment venu. L'arbitrage peut remonter très vite très haut. Les différents niveaux écoutent, tentent de rapprocher les positions et, si aucun accord n'est trouvé, finissent par trancher. La hiérarchie est en réalité bien plus dans un rôle de conciliation que dans une posture d'injonction ou de domination. Il s'agit donc d'un système ouvert qui permet à chacun de faire valoir son point de vue. Il n'exclut pas les « sanctions » (la pratique du « placard » y est bien rodée) qui permettent que la « politisation » ne débouche pas sur de simples luttes de pouvoir déconnectées du *business*.

Ainsi se dessine progressivement une « architecture » très originale, faite de réseaux, de politique, d'arbitrages autour d'une véritable connaissance du marché. L'entreprise et le marché sont étroitement mêlés : la nécessité d'être toujours proche du second évite à la première toutes les dérives décrites depuis le début de cet ouvrage.

Cela dit, chacun comprendra qu'il n'est ni simple ni reposant de vivre dans un tel univers. En prenant du recul, on peut dire que cette entreprise a anticipé ce que les autres commencent à percevoir en ce début de siècle : pour être efficace, il faut « tuer » les monopoles internes, introduire un haut degré de coopération – appelé ici de façon plus réaliste « confrontation » –, multiplier les lieux et les occasions de négociation. Il n'en demeure pas moins que c'est dur, parfois très dur et même de plus en plus dur. Un cadre observe avec une certaine amertume :

> Le fonctionnement de l'entreprise s'est sans doute alourdi. Je ne suis pas sûr qu'aujourd'hui notre président rencontre les jeunes chefs de produit comme cela se faisait auparavant. Ce n'est plus vrai depuis une dizaine d'années et la couche du bas ne comprend plus ce qui se passe en haut. La conséquence, c'est qu'on est passé du plaisir au devoir. Aujourd'hui, le plaisir est de plus en plus limité.

Ce qui est en jeu, c'est bien l'« épuisement » plus ou moins prononcé auquel conduit un système qui a érigé la confrontation en règle de vie collective. Non seulement il faut être fort pour y survivre, mais ceux qui arrivent sur le tard, après des expériences très différentes, ont peu de chances de réussir leur intégration. Dans la tradition de cette entreprise, les cas de *burn-out*[1] sont admis et gérés au coup par coup, de façon non culpabilisante. On a toujours su « sortir » un cadre d'une position trop longtemps exposée. Par le passé, quelques responsables prenaient en charge cette tâche officieuse. Or, si le système n'a pas changé dans son essence, l'organisation a crû de façon exponentielle en taille, donc en nombre et en complexité. Y faire perdurer un mode de gestion individualisé, qualitatif et humain y sera sans doute plus difficile.

1. Littéralement « être cuit ».

Ainsi s'achève la description d'un ensemble de pratiques cohérentes, très articulées les unes aux autres et qui constituent toutes ensemble la clé du succès de ce groupe. Il n'y a là rien de surprenant : depuis la fin du siècle dernier, quelques auteurs[1] cherchent à attirer l'attention (sans réel effet) sur la primauté du facteur organisationnel dans le succès des firmes ; tout le monde les entend, personne ne les écoute. Ce qui surprend en revanche dans le cas de cette entreprise c'est à la fois l'originalité de ce fonctionnement et sa permanence : plus ça change et plus c'est la même chose, mais cette fois-ci, pour le plus grand bien de tous.

1 Rosabeth Moss Kanter et Peter Drucker en particulier.

Conclusion

Lost in management ou un voyage dans un monde contrasté, qui échappe aux lectures simplistes et partisanes, celles qui ne comprennent que ce qu'elles croyaient déjà savoir. La première leçon de cette plongée dans des univers si différents, c'est la permanence du débat. Nous voici donc revenus à l'interrogation taylorienne : une organisation qui produit des biens et des services et les met sur un marché doit-elle être scientifique ou humaine ? Si elle est scientifique, comme le rêva l'« OST[1] » en son temps et comme tentent de le prouver aujourd'hui les processus, alors elle s'émancipe des hommes, de leurs humeurs, de leurs aléas, de leur imprévisibilité. Et comme elle est « scientifique », elle est incontestable, même si la malhonnêteté peut mener à l'exclusion ou aux troubles mentaux[2].

Nous n'en sommes plus là. Mais la même défiance vis-à-vis du travail s'exprime aujourd'hui à travers les « délires procéduriers », la foi aveugle dans les processus[3] pour que « les choses marchent

1. Organisation scientifique du travail.

2. N'oublions pas que Lénine fut un des premiers admirateurs de Taylor, comme il l'écrivit à Rosa Luxemburg.

3. Il y a une littérature très abondante sur les processus, principalement d'origine anglo-saxonne. À titre d'exemple, on peut se référer à : John Jeston et Johan Nelis, *Business Process Management. Pratical Guidelines to Successful Implementations*, Oxford, Butterworth-Heinemann, 2006. On peut se référer aussi à Ravi

comme elles le devraient et [que] les gens fassent ce que l'on souhaiterait qu'ils fassent », définition la plus simple et la plus parlante de ce que l'on appelle le « management ». Cependant, il ne faut pas s'y tromper. Si le taylorisme « relooké » opère un retour en force aujourd'hui, c'est que la dureté croissante du travail – qui, elle, ne tolère pas le débat – fait craindre les ravages du désinvestissement. Alors les entreprises se trouvent confrontées à des handicaps cumulés : ce qu'elles ont laissé « filer » hier, parce que ça n'avait pas d'importance (paresse managériale) et que le client captif n'avait d'autre choix que d'accepter de payer le coût des dérives, il faut le récupérer au moment même où ce travail devient répulsif. Ou comment jouer à contretemps… Après avoir laissé filer le travail, on a d'autant moins confiance en lui que les mauvaises habitudes sont bien ancrées et que, de toute façon, on ne propose rien de très enthousiasmant. On se tourne donc vers la contrainte, quand ce n'est pas vers l'élimination pure et simple du travail.

On a vu les résultats désastreux de la contrainte . manipulation des organisations par des acteurs intelligents, capables d'utiliser toutes les failles de ces systèmes de contrôle erratiques et contradictoires, qui finissent par ne plus rien contrôler (il m'arrive de conseiller à des cadres qui se plaignent durant un séminaire de « subir » trop de « KPIs[1] » d'en demander davantage : ils accroîtront ainsi leur marge de liberté) ; création d'univers non pas flous mais confus, abstraits, déconnectés de la réalité, dans lesquels seules les bureaucraties réussissent à se mouvoir ; folle fuite

---

Anupindi, Sunil Chopra, Sudhaker D. Deshmukh, Jan A. Van Mieghem et Eitan Zemel, *Managing Business Process Flows. Principles of Operations Management*, Igrafx process, 2e édition, 2003.

1. Key Performance Indicators. Pour une connaissance plus approfondie de l'utilisation de ce mode d'évaluation, voir David Parmenter, *Key Performance Indicators : Developing, Implementing, and Using Winning KPIs*, New Jersey, John Wiley & Son, 2010.

en avant pour que toute activité soit minutieusement définie par des processus, qui pourtant en rendent l'aboutissement impossible, sauf à compter sur la bonne volonté d'acteurs qui la négocient au prix fort. C'est vers une vraie Bérézina du management que les entreprises continuent de se diriger, poussées par le couple infernal des bureaucrates qui en salivent à l'avance et des responsables qui veulent se couvrir, tant ils contrôlent de moins en moins ce qui se passe chez eux.

Elles y perdront non seulement du contrôle, ce qui est déjà un problème en soi, mais aussi et surtout de l'efficacité. Car toutes ces entreprises, en même temps qu'elles rigidifient leurs processus, rêvent d'une souplesse qui leur serait si utile pour se mouvoir dans un monde économique qui n'a jamais été aussi changeant. En effet, s'il faut disposer d'une organisation capable de s'adapter très rapidement, sans avoir à entreprendre une révision complète de toutes ces réglementations inutiles pour les remplacer par d'autres qui le seront tout autant, c'est que les métiers des entreprises évoluent eux-mêmes très vite. Un exemple : a-t-on songé, en ce début de siècle, que deux grosses entreprises comme IBM et Accenture sont en train de se « croiser » ? La première, International Business *Machines* (*sic* !) a vendu à un opérateur chinois son activité d'ordinateurs personnels et se transforme très rapidement en pure entreprise de services ; la seconde (issue d'Andersen Consulting) voit la part du conseil diminuer régulièrement dans son portefeuille d'activités, alors qu'elle gère pour ses clients des parcs informatiques toujours plus conséquents. Comment atteindre la capacité d'adaptation nécessaire sans compter sur les hommes ?

Quant à l'élimination du travail, elle n'est pas celle dont avait rêvé Jeremy Rifkin[1]. Elle procède de l'utilisation massive de

1. Jeremy Rifkin, *The End of Work. The Decline of the Global Labor Force and the Dawn of the Post-Market Era*, New York, G. P. Putnam, 1995.

toutes les technologies qui permettent d'exclure le travail de la production des biens et des services. Dans des pays comme la France – à la différence des États-Unis par exemple –, tout ce qui est automatisé est « bien ». Tenterait-on d'émettre quelques réserves que l'on serait taxé d'ennemi du progrès. Or le progrès, en l'occurrence, c'est ce qui remplace l'homme par la machine, non pas pour le confort du travailleur qui y perd son emploi, ni même pour celui du client qui s'en trouve souvent dérouté, mais pour celui des « responsables » qui n'auront plus à gérer cette réalité redoutable qu'est le travail humain.

Le cercle vicieux du travail et de l'emploi

Une telle logique, poussée à l'extrême, peut entraîner une société dans le cercle vicieux des problèmes de travail et d'emploi, qui s'alimentent et se renforcent l'un l'autre. Moins on a confiance dans le travail, plus on cherche à diminuer sa propre dépendance à son égard, en en réduisant toujours davantage la place dans la production ; plus on réduit cette place, plus on alimente le problème de l'emploi, en particulier pour les générations à venir. Pas plus que la gestion de la dette, le travail n'est un domaine d'excellence de la solidarité intergénérationnelle. Les responsabilités en sont d'ailleurs largement partagées entre, d'une part, des entreprises qui, après ne s'en être pas souciées, sont aujourd'hui effrayées par l'ampleur de la tâche consistant à faire travailler les gens et, d'autre part, des organisations syndicales, accrochées à des « avantages acquis » parfois ubuesques (mortifères, a dit une centrale syndicale), qui ne sont plus de saison. Aussi est-ce pour le moment « Chacun pour soi et Dieu pour tous ! », sauf sans doute pour ceux qui vont suivre.

C'est bien pourquoi j'ai soulevé la question de la possibilité de faire autrement. Par bonheur, quelques exemples ont permis d'entrebâiller des portes. Essayons de les ouvrir davantage. Pour ce faire, rappelons une fois encore la distinction entre structure et organisation, qui n'est toujours pas claire dans l'esprit de la plupart des dirigeants. Et pourtant elle date[1] ! Mais dès lors qu'elle est comprise, qu'il est bien acquis que l'organisation désigne les façons réelles et quotidiennes de travailler, de décider, de vivre ensemble pour faire bref, alors la souplesse de l'organisation renvoie à la souplesse du travail et non pas au changement des structures. Les multiples « réorganisations », c'est-à-dire le redécoupage du puzzle de l'entreprise, n'ont jamais empêché qui que ce soit de continuer à faire la même chose. L'enjeu, ce sont bien les hommes, et non « tout le reste », qui ne constitue que l'apparence de l'entreprise.

De même en matière d'activités faut-il faire disparaître la navrante distinction entre le *hard* et le *soft*, que quelques dirigeants immatures répètent à l'envi. Le premier désignerait ce qui compte (la finance, les affaires) ; la seconde aurait trait à tout ce qui est vaguement humain. C'est une approche paresseuse d'un point de vue intellectuel et dangereuse d'un point de vue pratique. On a maintes fois démontré que plus la compétition est sévère sur des marchés de plus en plus ouverts et moins ce sont les produits qui font la différence. C'est à nouveau l'« organisation », c'est-à-dire les hommes et leurs façons de travailler, qui tient entre ses mains la résolution de l'équation contemporaine du faire mieux avec moins. En somme, il faut signaler à tous les amoureux des distinctions simplistes que le *hard*, c'est l'organisation.

1. Voir par exemple cet article fameux qui a maintenant trente ans d'âge : R. Jr. Waterman, T. Peters et J. R. Philipps, « Structure Is Not Organization », *Business Horizons*, 1980, vol. 23 (3), p. 14-26.

On peut alors déployer un discours sérieux. Durant les années 2009 et 2010 j'ai pu parcourir le monde et visiter quelques-unes des plus grandes entreprises, tous secteurs confondus, afin de comprendre comment elles s'y prenaient pour développer leurs activités[1]. Toutes ont décrit leurs initiatives en termes d'innovations organisationnelles. Toutes ont expliqué et démontré que la différence se fait, par rapport à des concurrents qui arrivent de partout, y compris de là où on ne les attend pas, dès lors qu'on invente de nouvelles façons de travailler, souples, réactives, adaptatives, loin des lourdeurs procédurières observées dans le monde économique traditionnel. Elles ont découvert ou redécouvert qu'un fonctionnement sur le mode d'un marché ouvert des compétences est bien moins coûteux et beaucoup plus efficace que le passage par des structures hiérarchiques lourdes, des processus touffus qui accroissent les « coûts de transaction ».

Il faut noter que l'innovation, au sens de « définir des façons différentes de travail », vient des États-Unis. Il est parfois réjouissant de voir l'ensemble du monde économique occidental se tourner comme un seul homme vers les pays émergents, au motif que c'est là que se trouvent les marchés de demain, tout en ignorant que c'est ailleurs que s'inventent les organisations de demain. Là encore, les comportements grégaires sont à l'œuvre.

Quelques points clés des nouvelles organisations

On peut rapidement caractériser ces nouvelles organisations à travers quelques points clés. Le premier est évident et a déjà été

1. Je remercie tout particulièrement GDF-Suez University de m'avoir procuré cette opportunité.

évoqué : il faut que tout l'effort soit tourné vers la recherche des solutions les plus intégrées possible pour le client. La vente « sèche » de produits est à son crépuscule, comme le montre – mais ce n'est qu'un exemple conjoncturel – le passage du téléphone portable au *smartphone*. C'est un ensemble de produits et de solutions qui est aujourd'hui proposé à un client qui s'intéresse de plus en plus au service et de moins en moins au support, sauf lorsque le *design* est en jeu. La notion de solution fait éclater les organisations traditionnelles, qui en sont restées à l'individualisme, à la défense des territoires et au respect strict des hiérarchies. La question ici n'est plus le formalisme ou la bienséance, mais la mise en réseau la plus rapide possible des compétences nécessaires à l'élaboration de la réponse au client et ce, où que ces compétences se trouvent. C'est ce que des entreprises comme Cisco ou Hewlett Packard appellent des « communautés virtuelles ».

Bien évidemment, les « composants » de ces solutions peuvent relever de la « technique », mais celle-ci n'est jamais évoquée au titre de question majeure. Aujourd'hui, la technique a le rôle que le général de Gaulle assignait à l'intendance : elle doit suivre. En revanche, l'ordonnancement de ces différents éléments relève de l'organisation et de la capacité de ses membres à coopérer vite et bien. La « transversalité » s'impose donc au cœur de ces nouvelles organisations. Mais elle ne doit pas être appréhendée comme un processus – un de plus. Elle dépend de la capacité de l'entreprise à générer les comportements coopératifs, non pas par la contrainte ou la rhétorique morale, mais par sa connaissance des ressorts de l'action collective, ceux qui vont faire que les acteurs auront « intérêt » à travailler ensemble.

Sur cette question centrale, il faut abandonner les modes managériales ou les proclamations abstraites. L'axiome qui veut que « tout ce qui a été dit, décidé ou affirmé sera fait » notamment relève de l'irresponsabilité d'un Ponce Pilate. Il faut donc aller plus loin dans les solutions innovantes et se demander ce qui permet vraiment de créer des « communautés d'intérêts ». Apparaissent alors des modes de gestion humaine ou financière qui vont favoriser l'émergence réelle de ces communautés et non pas simplement entretenir un souhait. À terme, on brisera les canons académiques de la bonne gestion et, par exemple, on acceptera de compter plusieurs fois la même chose. Je vois d'ici les directeurs financiers se dresser sur leur siège et hausser les épaules. Et pourtant, comment peut-on vouloir qu'un grand nombre d'acteurs travaillent ensemble pour élaborer des solutions toujours plus complexes pour les clients, tout en leur disant que chacun n'aura qu'une part du gâteau, calculée au plus juste ? Ce faisant, on ferme le jeu au lieu de l'ouvrir et chacun, pour garder tout le gâteau, ne cessera de chercher à réduire le nombre des convives. On sera passé d'une possible coopération à une exclusion certaine. Dès lors, il faudra accepter le *multiple counting* (comptage multiple), les *shadow P&L* (les bilans fantômes)[1] et autres modes de calcul qui donneront aux acteurs l'envie d'accroître toujours plus la taille du gâteau.

Toute cette perspective replace au premier plan la question de la confiance, donc celle des règles du jeu, donc celle de l'éthique. La question n'est plus de demander aux acteurs de ne pas « faire n'importe quoi » pour développer le business – posture hypocrite s'il en est, dans le monde de l'évaluation individualisée des résultats de chacun à un rythme toujours plus rapide. Elle est de les aider à construire un environnement de travail moins incertain, plus prévisible, qui permette de se fier un peu plus à l'autre, sans avoir à passer par des constructions de procédures ou de proces-

1. Le « shadow P&L » est celui qui sera utilisé pour le calcul de la part variable de la rémunération, la « réconciliation » se faisant ensuite dans le P&L officiel.

sus qui complexifient bien plus qu'ils ne simplifient. Cisco, Bar clays, Itau Banco (principale banque brésilienne), Accenture, pour ne citer que quelques entreprises porteuses de ces innovations, engrangent des résultats très positifs. Il ne s'agit pas seulement de résultats économiques, mais bien de progrès décisifs dans la capacité à faire travailler les hommes autrement, à croire en eux en les débarrassant de ce qui complique artificiellement le travail et favorise le cynisme et l'irresponsabilité. Ce n'est donc pas une fatalité : c'est là qu'est l'espoir.

La Croix-Valmer
Été 2010

Index

Table

DEUXIÈME PARTIE

Comment les entreprises ont perdu le contrôle d'elles-mêmes (2) L'encadrement de proximité sacrifié sur l'autel des bureaucraties intermédiaires

TROISIÈME PARTIE

Est-il possible de faire autrement ?

COMPOSITION : IGS-CP À L'ISLE-D'ESPAGNAC
IMPRESSION : CPI FIRMIN-DIDOT AU MESNIL-SUR-L'ESTRÉE
DÉPÔT LÉGAL : FÉVRIER 2011. N° 98690-8 (113281)
IMPRIMÉ EN FRANCE